아무것도 없는 방에 살고 싶다

'NANIMO NAI HEYA' DE KURASHITAI
Copyright ⓒ 2015
Original Japanese edition published by Takarajimasha,Inc.
Korean translation rights arranged with Takarajimasha,Inc.
Through BC Agency., Korea
Korean translation rights ⓒ 2016 by SAMTOH PUBLISHING CO., LTD.

이 책의 한국어판 저작권은 BC 에이전시를 통한 저작권자와의 독점 계약으로 샘터에 있습니다.
저작권법에 의해 한국 내에서 보호를 받는 저작물이므로 무단전재와 복제를 금합니다.

아무것도 없는 방에 살고 싶다

미니멀 라이프 연구회 지음
김윤경 옮김

샘터

프롤로그

아무것도 없는 방이 가르쳐준 것

최근 '미니멀리스트'라는 말을 자주 듣습니다.

'최소한'을 뜻하는 '미니멀'이라는 단어에서 알 수 있듯이, 자신을 둘러싸고 있는 '물건'을 필요한 것만 최소한으로 남기고서 홀가분하게 사는 라이프스타일이 주목받고 있습니다.

텔레비전 광고나 상업 잡지, 길을 걸으면 자연스레 눈에 들어오는 거리의 광고판, 그리고 인터넷쇼핑 사이트에서 수없이 쏟아지는 정보는 평범한 일상을 살아가고 있는 우리에게 '물건을 사라'고 끊임없이 유혹의 손길을 뻗칩니다.

문득 깨닫고 보면 옷장 안은 어느새 옷으로 넘쳐나고, 몇 번밖에 사용하지 않은 가전제품은 방 한구석에 방치되어 있습니다. 샀다는 사실조차 잊고 있던 책이 산더미처럼 쌓여 있는 책장을 돌아보고 움칫하는 사람도 많을 것입니다.

이렇게 우리는 많은 물건들에 둘러싸여 늘 불안정한 기분으로 살아가고 있습니다. 쌓이고 쌓인 물건들이 우리에게 계속 다양한 메시지를 내보내고 있기 때문입니다.

"왜 사용하지 않는 거죠?" "언제 입을 건가요?" "언제 읽을 건가요?"

다양한 물건들이 보내는 무언의 질문에 우리의 죄책감은 점점 더 심해집니다. 때로는 단순히 '여기 물건이 있다'는 사실만으로 피곤해지기도 합니다.

이처럼 물건들이 내보내는 존재감은 결코 우습게 볼 일이 아닙니다. 그렇기에 최근 물건이 주는 압박감에서 벗어나 자신의 의지대로 살아가기로 결심한 사람들이 더욱더 주목받고 있습니다. 이런 현상은 어쩌면 매우 자연스러운 흐름일지도 모릅니다.

이 책에서는 미니멀한 생활을 즐기고 있는 열 사람을 소개하고 있습니다. 만화가 유루리 마이 씨를 비롯해 정리 전문가 사카구치 유코 씨, 회사원 히지 씨, 워킹맘 아키 씨 등 다양한 직업과 라이프스타일을 가진 사람들을 찾아가 그들의 사는 이야기를 들어보았습니다.

미니멀한 생활을 시작하게 된 계기를 비롯해, 미니멀리스트로 살아가면서 중요하게 여기고 있는 삶의 원칙이나 정리 기술 등에 관해 물었습니다. 그런데 오히려 주목해야 할 점은 심플하게 생활함으로써 얻은 효과였습니다.

이 책에 소개된 집 중에는 마치 모델하우스 같은 휑한 느낌을 주는 곳도 있고, 자신이 무척이나 좋아하는 옷으로 장식한 멋진 방도 있습니다. 이를 통해 우리는 같은 '미니멀한 생활'이라도 살아가는 모습은 열이면 열 다 다르다는 것을 알게 되었습니다. 그럼에도 모두 이구동성으로 말하는 것은 물건을 버린 후에 느낀 긍정적 변화였습니다.

물건을 줄인 후 스트레스가 줄고 마음이 평온해져서 삶에 여유가 생겼다고 말하는 사람도 있었고, 집중력이 높아져서 창의력과 업무효율이 높아졌다고 말하는 사람도 있었습니다. 또 자신을 더 이상 남과 비교하지 않게 되어 정말로 하고 싶은 일을 제대로 마주하게 되었다고 말한 사람도 있었습니다.

그런데 무엇보다 많은 사람들이 입을 모아 강조한 것은 '좋아하는 물건만으로 둘러싸여 지내는 편안함'이었습니다.

이 책의 제목이기도 한 '아무것도 없는 방'은 쓸데없는 물건이 전혀 없는 방, 좋아하는 물건만으로 채워진 방을 뜻합니다. 미니멀 라이프란 이렇게 좋아하는 물건만 남기고 생활을 단순하게 바꿈으로써 마음과 사고까지 정리하는 일입니다.

현대인이라면 누구나 복잡하고 머리 아픈 생활에서 벗어나 단순하고 홀가분한 마음으로 살아가기를 원합니다. 우리가 만난 열 명의 미니멀리스트들은 물건의 정리를 통해 삶과 마음을 정리하고, 자신만의 행복에 이르는 길을 찾을 수 있었습니다.

   이 책이 당신만을 위한 아무것도 없는 방을 만드는 계기와 자극제가 되기를 바랍니다.

차례

프롤로그 아무것도 없는 방이 가르쳐 준 것 _4

SIMPLE ROOM 01 유루리 마이
물건이 적은 집이야말로 살기 편한 집 _10
"물건이 적으면 청소하기도 쉽고 마음이 편해져요"

SIMPLE ROOM 02 오하기
물건을 줄이고 꿈을 향해 나아가는 인생 _28
"인생을 즐기기 위해서는 정말로 필요한 물건만 있으면 된다"

SIMPLE ROOM 03 구라타 마키코
소중한 물건에 둘러싸여 지내는 편안함 _42
"고민 끝에 찾은 보물 상자 같은 생활을 즐기다"

SIMPLE ROOM 04 히지
물건을 없애고 되찾은 혼자만의 자유시간 _60
"물건으로 과시하는 건 자신의 가치를 떨어뜨리는 행위일 뿐입니다"

SIMPLE ROOM 05 아즈키
빗자루 하나로 시작된 미니멀 라이프 _74
"스트레스에서 해방되어 홀가분한 마음으로 살아간다"

SIMPLE ROOM 06 사카구치 유코
네 식구가 느긋하게 쉴 수 있는 공간 _92
"좋아하는 물건은 단 하나로도 충분하다"

SIMPLE ROOM 07 이노우에
깨끗하지만 불편하지 않은 생활 _108
"아무것도 없지만 근사한 방에서 살아갑니다"

SIMPLE ROOM 08 아키
세상에서 가장 안락한 우리 집 _122
"신중하게 고른 물건들로 작은 집을 최대한 즐기며 산다"

SIMPLE ROOM 09 모리타 사토시
쓸모없는 물건은 하나도 없는 심플한 방 _136
"불필요한 것들을 치우고 지금의 생활에 집중한다"

SIMPLE ROOM 10 오후미
부족함 없는 미니멀리스트 부부의 삶 _150
"물건을 줄인 후 삶의 즐거움과 여유를 되찾았어요"

딱 필요한 것만 있는 작업실. 황동으로 제작된 조명등은 '후타가미FUTAGAMI' 제품이다.

물건이 적은 집이야말로
살기 편한 집

"물건이 적으면 청소하기도 쉽고 마음이 편해져요"

유루리 마이 ゆるりまい

센다이 출생. 만화가이자 코믹에세이 작가. 네 명의 가족, 네 마리의 고양이와 함께 살고 있다. 일본 정리법 블로그 랭킹 1위를 차지한 '아무것도 없는 블로그(http://nannimonaiblog.blogspot.jp)'를 통해 놀라울 정도로 아무것도 없는 자신의 집을 공개해 누리꾼들 사이에서 큰 화제를 모았다. 꾸준히 블로그에 올린 내용들을 정리해 만화 에세이 《우리 집엔 아무것도 없어》를 펴냈다. 동일본 대지진을 경험한 주인공이 집 안에 필요 없는 물건 태반이었다는 사실을 깨닫고, 버리기 선수가 되는 과정을 코믹하게 그리고 있다.

실연을 계기로 '버리기 마녀'의 길로 들어서다

뜻밖에도 유루리 마이 씨는 어릴 적 물건이 너무 많아서 차고 넘치는 집에서 자랐다. 매일매일 어지럽혀진 집 안 모습을 당연하게 여기며 살던 시절이었다. 그러다가 중학생이 되고 처음 방을 정리해야겠다는 생각을 하게 되었다.

"어느 날 문득 '고등학생이 되면 연애도 하게 될 텐데 방이 이래서야 남자친구를 데려올 수도 없잖아' 하는 생각이 들더군요. 그래서 방을 깨끗이 정리하기로 했죠. 하지만 청소라고 해봤자 이쪽에 자리를 차지하고 있던 물건을 저쪽으로 옮기는 데 불과해서 실제로는 전혀 정리되질 않았어요."

그러다 사귀던 남자친구와 헤어지게 되었는데, 그 일로 물건 버리기에 대해 다시 생각하게 되었다.

"예전의 저는 일기는 물론이고, 데이트할 때 본 공연이나 영화의 반쪽짜리 티켓, 선물 받은 물건의 포장지까지 남자친구에 관한 거라면 무엇 하나 버리지 않고 보관했어요. 지금 생각하면 믿기 어려울 정도지만요. 그런데 남자친구와 헤어지고 나니 그런 자질구레한 물건을 보는 것조차 괴롭더라고요. 그래서 과감히 전부 다 쓰레기봉투에 버렸어요. 그랬더니 실연의 괴로운 기억도 함께 사라진 듯 마음이 아주 개운해지지 뭐예요."

혹시 버린다는 건 기분 좋은 일이 아닐까, 하고 처음으로 깨달은 순간이었다. 마치 다시 태어난 것 같은 느낌을 받은 그녀는 그때부터 점점 버리기 마녀가 되어갔다. 물건을 버리는 일 자체에 쾌감을 느끼게 된 것이다.

반면 함께 살고 있던 가족들은 무엇이든지 소중하게 보관하는 편이라 의견이 맞지 않았다.

"제가 필요 없는 물건을 버리거나 집 정리를 하려고 하면, 가족들은 '네 멋대로 하지 말라니까!' 하면서 화를 내곤 했어요. 수시로 의견이 부딪쳐서 어쩔 수 없이 제 방만 정리하기로 타협점을 찾을 수밖에 없었죠."

이런 상황이다 보니 결혼하게 되었을 때 드디어 신혼집이라는 두 사람만의 성이 생긴다는 생각에 무척 기뻤다. 그녀는 "절대로 물건을 두지 않고 살 거야!"라고 선언했다. 다행스럽게도 남편은 그리 까다롭지 않은 성격이라, 그녀의 의견에 순순히 따라주었다.

그런데 두 사람이 함께 살 아파트를 결정하고 살림을 막 시작하려고 할 때, 동일본 대지진이 일어난다.

"전 마침 친구를 만나러 밖에 나가 있었지만, 그렇지 않아도 짐이 많은 본가는 지진으로 엉망이 되어버렸어요. 그 많던 가구들이며 물건들이 지진에 쓰러지거나 바닥으로 떨어지는 바람에 방에 있던 할머니가 정말 위험할 뻔했거든요. 그 일을 겪으면서 물건에 둘러싸인 생활이 재해가 닥쳤을 때는 사람의 생명까지도 위협한다는 사실을 처음으로 알게 되었죠."

집 안에 그렇게나 물건이 많은데도 긴급한 일이 생겼을 때 정작 필요한 물건을 전혀 찾을 수 없다는 사실도 충격이었다. 가족들 모두 "손전등은 어디 있지? 라디오는? 휴대용 가스버너는 있는데 가스 연료가 없다니!" 하며 허둥거리기만 했다. 물건이 어디에 있는지 정확히 알지 못하니까 당장 필요한 물건을 바로 꺼내 쓸 수가 없었다.

수납장에서 마구 손에 잡혀 나오는 건 아무짝에도 쓸모없는 물건들뿐이어서, 이 집에 있던 그 많은 물건들은 대체 다 뭐였을까 싶은 생각이 들 정도였다.

그녀는 지진을 계기로 정말로 필요한 물건은 뜻밖에 얼마 되지 않는다는 걸 뼈저리게 느끼게 되었다.

"지금까지는 그저, 버리고 나면 기분이 좋았어요. 필요 없는 물건을 처분하고 그걸 대체할 만한 다른 물건을 궁리해서 주변의 물건들을 차츰 없애는 게 홀가분했거든요. 그런데 지진을 경험하고 나서는 단순히 그것뿐만이 아니라 물건을 줄여서 가족들이 안심하고 지낼 수 있는 안전한 집을 만들고 싶다는 생각을 하게 되었어요."

가족들은 지금 본가를 헐고 새로 지은 집에서 살고 있다. 지진의 경험을 교훈 삼아 이번에는 안심하고 살 수 있는 집을 만드는 데도 신경을 썼다. 현관을 올라가면 바로 수납공간이 있는데, 그곳에 방재용품을 보관해 언제라도 바로 꺼낼 수 있도록 했다.

스트레스 없이 심플하게 산다

유루리 마이 씨는 결혼하고 물건을 줄인 심플한 환경에서 살게 된 후로 매일 평온함을 느끼고 있다. 작은 광고대리점에서 근무하던 회사원 시절에는 계속되는 격무와 직장 내 인간관계에 지친 상태로, 매일 마지막 전철을 타고 어수선한 집으로 돌아오는 일이 상당히 스트레스였다. '내게는 잠시 한숨 돌릴 공간조차 없는 걸까' 하는 생각에 조바심이 일기도 했다.

방 안에는 세탁해서 거둬들인 옷 뭉텅이가 늘 여기저기 흩어져 있었다. 그리고 매일 아침 그 속에서 입을 옷을 골라내거나, 없어진 양말 한 짝을 찾아 허둥대는 게 일상이었다. 차곡차곡 개어 옷장이나 서랍장에 잘 넣어두면 될 일인데도, 옷이 쌓이면 귀찮아져서 자기도 모르게 미루기 일쑤였다. 그러다 보니 방 안은 늘 엉망이었다.

지금은 옷의 가짓수를 줄여 그때와는 비교할 수 없을 정도로 관리가 편해졌다. 한 계절에 입을 상의가 다섯 벌 정도밖에 없는데, 세탁하고 나서 속옷은 잘 개어 서랍장에 넣고 상의와 하의는 옷걸이에 걸어 옷장에 넣어둔다. 옷의 가짓수를 옷장 안에 걸 수 있는 정도의 양으로 제한하고, 매일 조금씩 빨래를 하기 때문에 짧은 시간에 후딱 정리할 수 있다.

"무엇보다도 세탁물을 개고 다림질하는 것부터 시작해서 집안일에 얽매여 이것저것 신경 써야 하는 스트레스가 없어졌다는 게 가장 큰

물건이 밖으로 나오지 않도록 수납하는 것이 규칙이다. 키우고 있는 고양이 포스케도 널찍한 공간이 마음에 드는 듯 느긋한 자세로 거실에서 쉬고 있다.

수확이에요. 옷 정리뿐 아니라 부엌도 마찬가지고요. 대개 다른 음료를 마시고 싶거나 하면 사용한 머그컵은 개수대에 넣고 컵을 새로 꺼내 쓰잖아요? 그러다 보면 움직이길 귀찮아하거나 갖고 있는 컵이 많은 사람일수록 자꾸 설거짓거리가 쌓여서 점점 더 정리하기 싫어지기 마련이고요. 하지만 우리 집은 그릇이나 컵이 얼마 없어서 한 번 사용하고 나면 바로 씻어야 하거든요. 그렇지 않으면 더 이상 사용할 그릇이 없으니까요. 절대 게으름을 피울 수가 없어요(웃음)."

부엌의 식기장 안도 무척 간소해서 식기든 조리도구든 쓰고 나서 설거지를 마치면 바로 마른행주로 닦아 제자리에 넣어둔다. 이렇게 하는 게 습관이 되어서 이젠 뒷정리가 전혀 어렵지 않다. 또 부엌이 깨끗해진 덕분인지 원래 요리하는 걸 그다지 좋아하지 않았는데, 지금은 부엌에 들어가면 기분이 좋아져서 음식 만드는 일도 즐거워졌다고 한다.

"물건이 없으면 청소하기도 쉽고 마음이 편해져서, 바지런히 정리하게 되는 선순환이 일어나게 되는 것 같아요. 항상 산뜻한 기분으로 지낼 수도 있고요. 심플한 생활을 하다 보면 하루하루의 생활이 점점 즐겁고 기분 좋아져요."

인연으로 만난 '물건'에 둘러싸인 생활

주변의 물건들을 정성껏 손질하고 관리하면서 자신에게 중요한 물건을 소중하게 사용하는 기쁨도 알게 되었다. 그녀는 옷이나 신발, 잠화나 일용품을 살 때도 제대로 음미해서 고르고 꼭 마음에 드는 물건을 사려고 의식적으로 노력한다.

"어느 날 갖고 있던 물건을 버리다 말고 문득, '내가 선택해서 산 물건을 왜 이렇게 버리고 있는 걸까?' 하는 의문이 들더군요. '설마하니 내가 싫증을 잘 내는 사람이었던가!' '어째서 결국 버리고 말 물건을 이렇게나 많이 사들인 걸까?' 하는 자책도 들었고요. 살 때는 그 물건이 정말 마음에 들고 좋아서 덥석 집어 들었을 텐데 말이죠. 앞날을 생각하지 않고 사니까 반년이나 일 년이 채 지나기도 전에 자신이 산 물건에 싫증 내는 거라고 생각해요."

지금은 설령 가격이 비싸더라도 오랫동안 사용할 수 있는 물건을 고른다. 적당한 가격에 어중간한 물건을 살 때보다 하나하나 꼼꼼히 살피고 신중히 생각해서 사고 있다. 좋은 물건을 사면 오래도록 소중하게 쓰고 싶어지므로 살 때도 그에 맞춰 제대로 계획을 세우게 된다.

"신으면 발이 편한 신발 한 켤레, 나의 체형과 분위기에 어울리는 원피스 한 벌, 그런 물건은 정성껏 손질해둘 때마다 한층 애착이 더해져서 입거나 몸에 지니는 기쁨이 깊어져요. 게다가 저처럼 방에 물건이 거의 없으면 테이블 위에 놓인 펜 하나도 굉장히 눈에 잘 띄거든요. 시야에 확 들어오기 때문에, 그렇다면 무심코 쳐다봐도 가슴이 설렐 정도로 마음에 드는 물건을 두고 싶어졌어요."

지금 그녀의 거실에는 그렇게 세심하게 고른 물건들이 놓여 있다.

가위는 수제가위 전문 브랜드인 '타지카TAjiKA' 제품을, 갓 태어난 아들의 기저귀와 장난감 보관에는 수공예로 만든 아케비(으름덩굴) 바구니를 사용하고 있다.

수작업의 느낌이 고스란히 전해지는 물건이나 공예품을 좋아하는 그녀는 바구니를 좋아한다. 특히 아케비 바구니를 좋아하는데, 아기용품

아케비 바구니를 좋아해서 집 안 곳곳에 놓아두고 있다. 마음에 드는 바구니에 캐릭터용품 등 어질러지기 쉬운 아기용품을 넣어두었다.

마흔 개나 되던 가방을 고르고 골라 가까스로 여덟 개로 줄이는 데 성공했다. 더 이상 줄이는 것은 무리일지도.

을 넣어두는 데 이런 고급스러운 물건을 사용하는 게 조금 사치스러울 지도 모르지만, 좋아하는 물건이기에 집 안 여기저기에 놓아두고 사용하고 있다.

남에게 보여주기 위한 건 아니지만, 수납공간 안에는 온전히 마음에 드는 물건만 넣어두고 있다. 예를 들어 섬유유연제와 세제는 법랑으로 된 와인 병에 옮겨 담아 사용하고, 커트러리 관련 제품은 법랑과 황동 소재로 통일해서 대칭으로 배치해놓았다. 또 방 안의 가구 배치를 그다지 바꾸지 않는 대신, 문을 열었을 때 마음이 두근두근 설렐 수 있도록 인테리어 감각을 발휘해 꾸미고 있다.

"제게 심플한 생활이란 물건을 전부 배제하는 것이 아니라 살아가는 데 꼭 필요한 물건, 그리고 인생에서 소중한 인연으로 만난 물건들을 집 안 곳곳에 조금씩 놓아두는 데서 오는 만족감 같은, 그런 느낌이에요. 사는 데 꼭 필요한 물건이란 건 사실 뜻밖에 그리 많지 않아요. 가령 요리할 때 볼이 없으면 큰 사발을 대신 사용해도 되고, 가전제품의 사용설명서도 필요할 때 인터넷에서 다운로드하면 그만이거든요."

아무것도 없는 생활에 익숙해지면서 차츰 자신에게 진짜 필요한 것이 무엇인지 깨닫게 되었다는 유루리 마이 씨. 예전과 비교하면 그다지 유행을 좇지 않는 생활을 하다 보니, 모두가 엄청난 속도로 달려가고 있는데 자기 혼자만 느릿느릿 걷고 있는 것처럼 느껴질 때도 있다고 한다. 하지만 그녀는 그게 더없이 마음 편하다. 유행하는 요리가 아니어도 가

전자레인지와 전기밥통은 지저분해 보이지 않도록 찬장 안에 집어넣었다. 싱크대에는 스펀지와 세제, 수건 외에 아무것도 꺼내놓지 않는다.

족들이 맛있게 먹어주는 제대로 된 가정식을 만들 수 있으면 되고, 화려하지 않아도 청결하다면 그걸로 좋다는 나름의 기준이 생긴 덕분이다.

불필요한 물건이 없으면 마음이 평온해진다

올해는 아들이 태어나 가족이 늘었다. 그러면서 확실히 물건도 늘어났다. 아이가 태어난 후 한동안은 전혀 물건을 버리지 못하기도 했다. 가전제품 사용설명서조차 싹 버리곤 했던 그녀가 병원에서 받은 별 시답지 않는 안내문 한 장을 언젠가 필요할지도 모른다는 생각에 고이 보관해두기까지 했다. 육아라는 첫 경험에 당황해서 불안하고 여유가 없었던 것이다.

"잘 알지도 못하고 편리한 용품이라는 데 혹해서 아기 물티슈 보온기와 아기용 체온계까지 산 적도 있어요. 병원에서는 아기에게도 어른용 체온계를 사용한다는 걸 나중에서야 알게 되었죠. 지금은 다소 여유가 생겼지만, 아이가 자라면서 그림이나 공작물 같이 추억을 머금은 작품들이 점점 늘어날 테니, 앞으로 우리 집이 어떤 모습으로 변할지는 잘 모르겠어요. 미지의 세계라고 할까요(웃음).”

그녀는 물건이 적은 집이야말로 살기 편한 집이라는 신념을 갖고 있다. 물건을 줄여나가며 어떻게 즐겁고 편안하게 살지를 생각하는 일이 아주 즐겁다고 한다. 앞으로도 라이프스타일이 계속 변하고 가족이 늘어나면 생활도 바뀌겠지만, 그때마다 편하고 즐겁게 살아가기 위한 나

조리도구는 밖에 내놓지 않고 모두 싱크대 아래 수 납장에 넣었다. 청결해 보이도록 흰색의 법랑 재질 로 통일했다. 소재와 색상을 통일하면 깔끔하고 멋 스럽게 정리된다.

싱크대 맞은편에 있는 찬장 안에는 식기류를 정리 해두었다. 식기류는 대부분 흰색으로 통일했다. 고 급스러운 황동 소재의 트레이는 은은한 맛이 있어 쓸수록 기분이 좋아진다.

름의 방법을 찾고 싶다. 아이가 조금 더 크면 지금 비어 있는 방에 미끄 럼틀을 놓아 마음껏 놀 수 있는 공간을 만들면 좋겠다는 생각도 한다.

지금 사는 집으로 옮기고 나서는 삶이 정말 즐거워졌다는 유루리 마 이 씨. 평범한 일상이 무척이나 즐거워져서 행복감이 이루 말할 수 없

침실 창에는 주문 제작한 술 장식이 달린 커튼을 달았다. 침대 밑에 놓인 아케비 바구니는 마음에 쏙 들어서 선택한 물건이다. 옆에는 작업실에 있는 것과 같은 황동 소재 스탠드 조명을 두었다.

을 정도다. 집이 깨끗해진 것만으로, 불필요한 물건이 없다는 것만으로, 그리고 집 안에 마음에 쏙 드는 물건만 있다는 사실만으로, 특별할 것 없는 일상이 이토록 사랑스럽게 바뀔 수 있는지 새삼 놀라고 있다.

아침에 일어나 절도 있고 고요함이 흐르는, 여느 때와 다름없는 방이 눈에 들어오는 순간 행복을 느낀다. 종이를 자를 때도 마음에 드는 가위를 사용하는 것만으로 왠지 모르게 싱글거리게 된다. 청소가 끝나고 깨끗해진 방에서 차를 마시며 잠시 휴식을 취하면 정말이지 마음이 평온해진다.

마음의 안식을 찾는 방법은 가지각색이겠지만, 그녀에게는 이 집에 있는 시간이 가장 큰 휴식이다. 단출한 방 안에 드문드문 자신이 정말로 좋아하는 물건이 놓여 있는 이 공간이 오늘도 그녀를 행복하게 한다.

물건을 최소한으로 줄이고 테이블 외에는 모두 벽 쪽으로 몰아 배치한 거실 겸 식당.

물건을 줄이고
꿈을 향해 나아가는 인생

"인생을 즐기기 위해서는 정말로
필요한 물건만 있으면 된다"

오하기 おはぎ

1985년생. 나라 현에 거주하고 있다. 물건을 신중하게 대하는 미니멀리스트로 이혼을 계기로 새로운 인생을 살고 싶다는 생각에 '단샤리'를 실천하기 시작했다. 심플한 생활을 시작하고 나서 비로소 자신이 하고 싶었던 그림을 그릴 수 있게 되었다. 지금은 회사원으로 일하며 일러스트레이터와 작가 일을 겸하고 있다. 귀여운 캐릭터가 눈길을 잡아끄는 '모노클로 가계부(http://www.ohg.jp)'라는 블로그를 운영 중이다.

인생의 방황기에 만난 단샤리

오하기 씨는 4년 전 이혼의 아픔을 겪었다. 이혼 후에는 남편과 함께 살던 집에 있던 개인 짐들을 모두 본가로 옮겨야 했는데, 그 일이 미니멀리스트로서 눈뜬 계기가 되었다.

"저는 원래 한 가지 일에 빠지면 거기에 심하게 열중하는 기질이 있어서 이런저런 물건들을 잔뜩 갖고 있었어요. 책만 해도 족히 500~600권은 되었고, 옷도 산더미처럼 많았죠. 물론 결혼하고 나서 전보다 자제하기는 했어도 정말로 짐이 많았답니다. 지금과 비교해보면 물건에 대한 욕심이 끝도 없었던 것 같아요."

그녀는 예전부터 방 정리가 정말 고역이었다. 지금도 정리하는 데는 서툴지만, 본가에서 살던 시절에는 '정리 좀 해'라는 말을 귀가 따갑도록 들었다. 그 정도로 방이 지저분했다.

그런데 심플한 생활을 해보니 당시에는 그저 '정리하는 법'을 잘 몰랐을 뿐이라는 걸 알게 되었다.

어지럽혀진 방을 정리하는 일이 중요한 게 아니라 우선은 방을 어지럽히지 않는 것, 즉 '불필요한 물건을 갖지 않는' 것이야말로 방을 깨끗하게 하는 본질이라는 사실을 이제는 잘 알고 있다.

"지금은 달라졌지만, 그때는 마중 나온 아버지가 타고 온 차가 경차인 것을 본 순간 아연실색할 수밖에 없었어요. 그도 그럴 것이 아무리 생각해도 제 짐을 전부 실을 수 없을 게 분명했으니까요. 간신히 이불과 약간의 물건 정도만 실을 수 있었죠. 하지만 그 덕분에 갖고 있던 물건이 단번에 확 줄어들었답니다."

처분한 직후에는 후유증이 컸지만, 결혼 시절의 기억이 배어 있는 물건들이 줄어들자 마음은 홀가분해졌다. 그 덕분에 이혼 후에도 긍정적으로 생활할 수 있었다. 이후 새로운 생활을 하기 위해 이사하면서 갖고 있던 물건의 80퍼센트를 버렸다. 하지만 그때는 아직 미니멀리즘을 의식하지 못했다고 한다.

"지금 생각하면 그때가 단샤리斷捨離(요가 수행법인 단행斷行, 사행捨行, 이행離行에서 따온 말로 인생과 일상생활에 불필요한 물건을 끊고, 버리고, 멀리하는 의식과 행동-옮긴이)를 의식하고 미니멀리스트의 세계로 들어서는 계기가 되었지만, 당시에는 미니멀리스트라는 단어조차 알지 못했거든요. 그런데 물건이 적은 상태에서 생활해보니 '어라? 물건이 적어도 뜻밖에 쾌적하네!'라는 생각이 들지 뭐예요. 청소도 금방 끝날뿐더러 물건이 없어서 난처한 일은 거의 없더라고요. 그래서 단순하게 사는 것도 좋겠구나 싶었죠."

조금이나마 인생을 변화시키고 싶은 마음도 있었다. 결혼해서 쓰던 물건들을 버리고 새출발하고 싶다는 생각을 하던 차에, 친구에게서 '단샤리를 실천했더니 좋은 일이 생겼다'는 말을 듣게 된 것이다. 그녀는 '혹시 나한테도 뭔가 좋은 일이 있을지 모르겠네' 하는 약간의 기대감을 품고 단샤리를 실천해보기로 했다.

개인 작업을 하는 방은 마음에 쏙 드는 조명으로 화사한 분위기를 연출했다. 수납장에는 한번 싹 정리한 화장용품을 비롯해 최소한의 필수품을 정리해둔다.

갖고 있는 신발은 전부 네 켤레뿐이다. 당장 신지 않는 신발은 모두 벽장 안에 넣어두기 때문에 현관이 늘 깔끔하다.

미니멀리스트가 되는 것이 목표는 아니다

그렇게 끊고, 버리고, 내려놓으면서 소유했던 물건을 하나씩 버리기 시작했다.

"저는 워낙 정리에 서툴러요. 그러니 물건이 줄어들면 정리정돈이나 청소가 얼마나 편해지겠어요. 그 점이 제 천성과 맞아떨어진 거죠. 하지만 물건을 갖지 않는 생활이 좋아서 무작정 물건을 버리는 건 결코 아니랍니다. 물론 미니멀리스트인 자신에게는 만족하고 있지만, 기분 좋은 공간과 생활을 추구하다 보니 여기에 다다르게 된 것뿐이에요."

오하기 씨는 블로그를 하면서 '정말로 그렇게 아무것도 없는 방이 좋아요?'라거나 '미니멀리스트란 건 수도승처럼 사는 거라고 보면 되나요?'라는 질문을 자주 받는데, 사실 절대로 그렇지 않다고 강조한다. 현재의 생활은 자신이 소유한 물건들이 살아가는 데 필요한지 필요하지 않은지를 명확히 확인한 결과일 뿐이다.

예를 들면 그녀는 직장에서 일할 때 입는 옷은 두 가지 패턴으로 제한하고, 구두도 네 켤레밖에 없다. 이를 미니멀리스트들 사이에서는 '사복의 제복화'라고 부른다. 물론 이틀에 한 번은 옷을 세탁해야 하니 불편한 점은 있다. 하지만 철마다 사들인 옷을 정리하지 않고 무작정 쌓아두면 그중에 마음에 들지 않는 옷이 있기 마련이고, 그걸 입어야 하는 날도 생긴다. 그럴 때는 왠지 우울한 기분이 들기도 한다. 반대로 안 입는 옷은 정리한 후 정말로 마음에 드는 옷만 골라 입는다면 기분 좋게 하루를 보낼 수 있다.

　물건을 줄여서가 아니라, 정말로 마음에 드는 옷을 잘 골라서 샀다는 뿌듯함이 마음속에 자리하고 있기 때문이다. 그리고 이렇게 긍정적 마음으로 하루를 보낼 수 있다면, 업무는 물론이고 개인적 일에서도 좋은 결과를 얻을 수 있다.

　"옷이 적으니 오히려 진정한 의미에서 '단정한 차림새'를 하려고 무척 신경 쓰게 되었어요. 셔츠는 반드시 다림질해서 입고, 구두도 늘 깨끗이 닦고요. 머리도 자주 손질하고 있어요. 단순히 옷을 사거나 버리는 것이 목표가 아니라, 진정한 의미에서 멋을 즐기고자 하는 거죠. 그런 사고방식을 갖게 되어서 그 결과 물건이 줄어들었을 뿐이에요."

　오하기 씨는 다카라즈카宝塚(효고 현 다카라즈카 시에 본거지를 둔 가극단으로 여성으로만 구성되어 있어 남성 역할도 여성이 맡는다-옮긴이)와 그 극단의 여배우들을 무척 좋아해서 예전에는 전문잡지나 브로마이드를 모으기도 했다. 하지만 생활을 바꾼 후 자신이 정말로 원하는 것은 '무대에서 노래하고 춤추는 배우들을 보는 일'이라는 데 생각이 미쳤다. 그러자 무턱대고 잡지나 브로마이드 같은 물건을 모으는 건 그다지 의미 없다는 생각이 들었다. 800엔짜리 잡지를 매월 산다고 해도 관심 있는 부분만 대강 훑어볼 뿐 꼼꼼하게 다 읽지도 못한다. 게다가 좋아하는 배우의 기사나 사진이 매번 실리는 것도 아니다. 그래서 요즘에는 표지 사진이나 기사 내용 등을 꼼꼼히 살펴보고 꼭 갖고 싶을 때만 구매한다. 그편이 더 깊은 행복감을 맛볼 수 있는 데다 잡지 살 돈을 모아 직접 공연 무대를 보러 가는 편이 낫다고 생각하기 때문이다.

"미니멀한 생활을 하면서 이런 식으로 생각이 달라졌어요. 결코 '아무것도 갖지 않는' 자체에 '쾌감'을 느끼는 건 아니에요. 그보다는 목적을 달성하기 위해서 합리적으로 생각하게 되었다는 편이 맞아요."

그녀는 심플한 방을 위해 살아가는 게 아니라 자신의 주변을 행복한 공간으로 만들고 싶을 따름이다. 그래서 정말로 갖고 싶은 물건이 있으면 새로 사기도 하고, 함께 사는 사람의 취향도 고려한다.

예를 들어 지금 거실에 텔레비전이 있지만, 그녀는 자주 이용하지 않는다. 하지만 함께 사는 남자친구에게는 꼭 필요한 물건이기에 버리지는 않는다. 또 지금은 소파가 없지만 앞으로 이사하면 적당한 것으로 살까 고민하고 있다.

"온갖 물건이 넘쳐나는 현대 사회에서는 무엇이든 자신이 원하는 걸 골라 살 수 있는 선택의 자유가 있잖아요. 물건은 최소한으로 줄이고 싶지만, 그 선택의 자유까지 버리고 싶지는 않은 거죠. 무엇보다도 예전의 저 자신보다 지금의 저와 제 환경이 마음에 들어요. 아주 만족하고 있습니다."

물건을 줄이면 실행력이 향상된다

오하기 씨는 생활을 심플하게 바꾼 후, 자신이 하고 싶은 일을 할 수 있

위쪽 벽을 깜찍한 천으로 장식했다. 비슷한 색상의 수건을 사용하면 공간에 포인트를 줄 수 있다.

꼭 필요한 세면도구 외에는 아무것도 없는 심플한 세면 공간.

게 되었다. 예전과는 달리 '하고 싶다'는 마음만으로 끝내지 않는 습관이 붙은 것이다.

 그녀는 예전부터 그림 그리는 것을 좋아해서, 자신이 그린 그림을 많은 사람들에게 보여주고 싶은 바람이 있었다. 하지만 직장에 다니면서 그림을 그리거나 창작활동을 하는 게 결코 쉽지 않았다. 실제로 블로그를 시작하기 전까지는 몇 년 동안이나 그림을 그리지 못했다. 하지만 블로그를 할 여유가 생기고부터는 원하던 대로 그림을 그리며 무척

양념 통은 밖에 내놓지 않고 모두 수납 선반에 넣어둔다. 보기에도 깔끔하고 청소하기도 쉽다.

청소할 때 사용하는 빗자루. 가지런한 털이 다보록해서 마음이 설레는 물건이다.

식기장에는 평소에 자주 사용하는 최소한의 그릇만 진열했다.

차분한 느낌의 무늬가 마음에 들어 구입한 찻주전자 세트.

이나 만족스러운 생활을 하고 있다.

지금은 낮에는 회사원으로 근무하고, 퇴근 후에는 블로그에 일러스트가 들어가는 코믹 에세이를 쓰고 있다. 생활을 단순하게 바꾸고 시간적 여유가 생긴 덕분에 꾸준히 그림을 그릴 수 있었다. 그러면서 어느 사이엔가 그녀의 그림을 좋아하는 팬들이 생겨서, 지금은 외주 작가 일도 조금씩 하고 있다. 그림뿐만이 아니다. 지금까지는 여행을 가고 싶어도 시간적, 금전적 여유가 없어서 '가고 싶다!'는 마음만으로 끝나곤 했는데, 이제는 조금씩 여행도 다니고 있다.

"생활을 단순하게 바꾼 후 다이어트에도 성공했어요. 거의 20킬로그램이나 감량했답니다. 생활이 바뀌면서 제 사고방식도 달라졌기 때문이 아닌가 싶어요. 물론 다이어트에 성공한 후에는 맞는 옷이 없어서 조금 난처하긴 했지만요. 앞에서도 말했지만 저는 사복의 제복화를 실천하고 있어서 일할 때 입는 옷이 두어 벌 정도에, 평상복도 별로 없거든요. 그런데 갑자기 살이 확 빠지니까 입을 수 있는 옷이 하나도 없더라고요(웃음)."

심플하게 생활함으로써 오랫동안 하고 싶었던 일과 바라던 소망을 하나둘씩 실현해나갈 수 있게 된 오하기 씨. 물론 좋은 일이 있으면 나쁜 일도 있는 법이지만 실행력만큼은 확실히 향상되었다고 확신한다.

"심플하게 생활하면 실행력이 높아지는 효과에 관해서는 다른 미니멀리스트들도 동의할 거라고 생각해요. 블로그를 운영하는 미니멀리스트들의 모임이 열리면 꽤 먼 곳에 사는 사람들도 주저않고 참석하거든요. 또 저 같은 경우에는 미니멀리스트로 살아가면서 본질을 끝까지 확인하는 힘이 생겼어요. 그 덕분에 쓸데없는 일을 하지 않고 인생을 긍정적으로 살아갈 수 있게 되었죠. 비로소 저 자신과 마주할 수 있게 되었다고 할까요? 정말로 그렇게 느끼고 있어요."

단순히 물건을 줄이거나 정리한다는 개념뿐 아니라, 미니멀리스트의 삶에 이런 멋진 효과가 있다는 사실을 더 많은 사람들이 알았으면 하는 게 오하기 씨의 바람이다.

만일 현재의 생활에 관해 고민하고 있거나, 인생의 변화를 앞두고 앞으로 어떻게 해야 좋을지 잘 모르겠다는 사람이 있으면 이렇게 말해주고 싶다고 한다.

"미니멀리스트가 되어보지 않겠어요?"

넓지 않아도 복층 구조로 탁 트인 느낌을 살린 거실. 베이지색 소파와 원목가구로 편안한 느낌을 살렸다.

SIMPLE ROOM 03

구라타 마키코

정리 전문가

소중한 물건에
둘러싸여 지내는 편안함

"고민 끝에 찾은 보물 상자 같은 생활을 즐기다"

구라타 마키코 クラタ マキコ

3층 구조의 주택에서 남편과 둘이 살고 있다. 정리 전문가 자격증을 취득하고, '소중한 물건에 둘러싸인 삶'을 테마로 하는 보물 상자 같은 집 만들기에 여념이 없다. '살림 마니아(http://kurashimania.blog.fc2.com)'라는 블로그를 운영 중이다.

인생이란 자기만의 보물 상자를 만들어가는 일

정리 전문가이자 유명 블로거인 구라타 씨의 정리에 관한 주제는 '보물 상자'다.

"일 년 반 전에 결혼해서 지금 사는 3층짜리 단독주택으로 이사 올 때 잠시 고민하던 시기가 있었어요. '어떻게 하면 내 정리법을 사람들에게 효율적으로 전달할 수 있을까?' 하는 것이었죠. 전 단순하게 살고 싶지만, 다른 사람들이 살아가는 방식을 부정하고 싶지는 않거든요. 이런 생각 끝에 다다른 결론이 바로 '보물 상자'였습니다. '삶은 보물 상자'라고요."

그녀는 자신이 좋아하는 일에 열중하는 아버지의 모습을 보면서 그런 삶이 이상적이 아닐까 생각했다.

"아버지는 취미로 도예를 하시는데, 본가에 가면 그동안 만든 작품들이 많이 진열되어 있어요. 아버지는 그걸 보면서 무척이나 행복해하고 만족해하시죠. 물론 다른 가족들은 작품이 계속 늘어나서 약간 곤란해하는 표정이지만요(웃음)."

보물 상자의 크기나 내용물은 사람마다 각기 다르다. 그러나 그 안에 가득 차 있는 물건들은 모두 소중한 보물이다. 사람은 각자 자기다운 모습을 지켜가면서, 자기만의 보물 상자를 만들어갈 알맞은 정리법을 찾기 위해 애쓰는 거라고, 그녀는 생각한다. 즉 무조건 물건을 없애는 것이 아니라 정리를 통해 자신만의 보물 상자를 만들어가는 것이다.

자신만의 공간을 만들 때 중요한 것은 '색상'이다. 그녀는 지금 사는 집으로 이사하고 새로운 생활을 갖춰가는 동안, '나답다는 것'과 '우리 집답다는 것'에 눈떴다. 그리고 그 과정에서 통일감 있는 색상이 중요하다는 사실을 새삼 깨달았다.

따로 살던 두 사람이 결혼해서 함께 살게 되면 각기 다른 취향의 색들이 섞이기 마련이다. 또 결혼 후에도 필요할 때마다 하나씩 물건을 사들이면, 나중에는 결국 각기 다른 시기에 산 여러 가지 색의 물건들이 한데 모이게 된다. 이럴 때 어지간한 색채 감각을 가진 사람이 아니고서는 색상을 근사하게 조화시키기가 어렵다. 그래서 그녀는 고민 끝에 색상의 종류를 줄이기로 마음먹었다.

"저는 파란색을 가장 좋아해요. 그래서 로프트(복층 구조의 집에서 천장이 낮은 2층-옮긴이)의 벽은 망설이지 않고 파란색으로 정했어요. 물론 제 취향만을 고집한 것은 아니에요. 남편에게 집에 있는 물건 중에서 어떤 색상이 마음에 드는지를 물어봤더니, '회색 타월'과 '남색 슬리퍼', 그리고 마루와 가구의 자연스러운 느낌이 좋다고 하더군요. 갈색도 좋다고 했지만, 제 취향과는 맞지 않아서 그건 제외했어요. 이렇게 우리 부부처럼 각자가 좋아하는 색이나 허용할 수 있는 범위를 처음부터 맞춰놓으면, 그 후의 과정이 편해지고 쓸데없는 물건을 사는 일도 줄어들어요. 색상을 의식함으로써 정리도 한층 즐거워지고요."

소중한 물건과 좋아하는 색상에 둘러싸인 보물 상자 같은 생활을 즐

구라타 씨 부부는 휴일이면 편하게 소파에서 휴식을 취한다. 물건을 정리하고 집 안이 심플해진 후로 기획과 디자인 일을 하는 남편도 집에 있는 시간이 늘었다.

긴다. 이것이 바로 그녀가 마음속에 그리는 이상적 삶이다.

방 정리는 곧 마음의 정리

정리 전문가이다 보니 정리의 효과에 관해 묻는 사람들이 많다. 그녀는 방을 정리하면 마음까지 정리되는 효과가 있다고 말한다. 남편과 결혼할 수 있었던 것도 방 정리, 즉 마음을 정리한 덕분이라고 생각한다.

그녀는 학생 때는 꽤 검소했지만, 독립해서 혼자 살고부터는 욕심이 생겨서 이런저런 물건들을 마구 사들였다. 특히 프라다, 지방시, 멀버리 같은 명품가방들을 좋아해서 계속 사 모았다. 특별히 그 가방이 갖고 싶어서가 아니라 할인판매를 해서 싸다는 이유로 산 적도 많다. 솔직히 말해 '이런 비싼 명품가방을 살 수 있는 나란 존재'를 과시하고 싶은 욕망도 있었다. 방은 되도록 깨끗하게 유지하려고 애썼지만, 어쩔 수 없이 물건이 쌓여만 갔다.

무분별한 소비를 하는 동안에도, 마음 한켠으로는 이런 생활은 그만두고 새 삶을 살고 싶다고 생각했다. 그녀는 원래 학창 시절부터 정리하기를 좋아해서, 시험이 끝난 후에 필요 없는 복사물을 버리는 걸 즐거움으로 삼을 정도였다. 그때처럼 필요 없는 가구를 버리거나 바꾸고 새 생활을 하고 싶었다. 하지만 그런 생각도 잠시, '부엌 하나 딸린 방에서 그렇게 하는 게 과연 의미가 있을까? 결혼하면 새 가구를 사야 할 텐데. 역시 결혼이 우선이야!'라는 생각에 정리를 포기하기 일쑤였다.

"나와 결혼해주지 않는 당신 탓에 울적하다며, 엉뚱하게 지금의 남편에게 짜증을 부리며 화풀이를 했어요. 그런 피곤한 여자와 결혼해서 함께 살고 싶은 남자가 있을 리 없는데도 말이죠. 바라던 결혼은 멀어지기만 할 뿐이었어요."

그런데 불안해하던 서른 살을 뜻밖에 산뜻한 기분으로 맞이하자, 문득 이런 생각이 들었다. '혼자 사는 동안에는 이상을 이룰 수 없다고, 왜 멋대로 생각했을까!' 자신은 지금 엄연히 할 수 있는 일이 있는데도 포기하거나 남들과 비교하면서, 스스로 만든 틀 안에서 불만을 쌓고 있을 뿐이라는 사실을 깨달았다. 그래서 '그렇다면 우선 이 방 안에서 이상을 실현해보자' '소중한 물건에 둘러싸여 이 공간에서 뜻깊은 시간을 보내자'라고 생각했다. 그것이 인생의 전환이 되었다.

먼저 부엌 하나 딸린 원룸에 놓기에는 부담스러운 식기장을 없앴다. 결혼하면 요긴하게 쓰일 것 같기도 했지만 당장은 필요 없다는 판단에 과감히 처분했다. 식기도 실제로 사용하는 것만 남기고 모두 버렸다.

그런데 그렇게 집 안 곳곳의 자질구레하고 불필요한 물건을 골라내는 동안 뜻밖에도 한심한 자신의 모습을 깨달았다. 스스로 자신감을 갖지 못하고 허전한 마음의 배출구로써 쇼핑에 집착했다는 사실을 안 것이다. 그녀는 자신의 못난 모습을 있는 그대로 인정해야 했다. 그리고 그 후 정리를 통해 매번 물건으로 부족한 자신감을 메꾸려 했던 자기 부정의 사슬에서 비로소 벗어날 수 있었다. 남편이 자신과 결혼하기로 마음먹은 것도 이런 깨달음 때문이었을 거라고 생각한다.

"그때까지는 마키코가 신경질적으로 결혼을 채근하곤 했습니다. '결혼하면 이거 하고 싶어, 저것도 하고 싶어. 그러니까 빨리 결혼하고 싶단 말이야' 하고 말입니다. 제게는 확실히 그 말이 부담스러웠죠. 그런

거실에서 연결되는 로프트 공간. 책상과 책장은 마룻바닥과 같은 나뭇결로 맞췄다.

컴퓨터 책상 앞에 앙증맞게 놓인 쿠션은 가구 및 생활용품 브랜드 이디IDEE에서 구입했다.

데 물건을 정리하고부터는 그런 말이 쏙 들어갔지 뭡니까? 무엇보다도 웃는 일이 많아졌어요. 저희 집에 와서 함께 방 정리를 해주기도 하고요. 그런 모습을 보면서 함께 살고 싶다는 생각이 들었습니다. 빨리 결혼하자고 말로 재촉 받는 것보다 그쪽이 훨씬 가슴에 와 닿더군요."

남편도 구라타 씨의 생각에 전적으로 동의한다.

심플한 환경과 생활의 질은 비례한다

그냥 내버려두면 점점 늘어나는 물건들을 어떻게 하면 좋을까? 정리 전문가의 관점에서, 그녀는 몇 가지 묘안을 내놓는다.

"우선 자신이 '소중히 다룰 수 있는 적당량'을 파악해야 합니다. 어느 집이나 문득 깨닫고 보니 먼지를 뒤집어쓰고 있다든가 전혀 사용하지 않는 물건들이 꽤 있잖아요? 그런 물건을 보면 아깝게 낭비하고 있다는 생각에 죄책감이 들기 마련이에요. 그런 일이 생기지 않도록 물건의 적당량을 확인하는 게 아주 중요합니다."

물건의 적당량을 확인하기 위해서는 무엇보다도 '수납 상자를 최후의 수단'으로 인식해야 한다. 수납 상자를 쓰면 처음에는 물건을 구분해서 정리하다가도 결국은 안에 적당히 물건을 쑤셔 넣고 만다. 그런데도 뚜껑만 닫아두면 겉으로는 깔끔하게 보이기 때문에 안에 든 물건의 존재감을 잊게 된다. 이렇게 수납 상자는 편리하지만 그만큼 위험하다.

구라타 씨는 자신이 소중히 다룰 수 있는 물건의 적당량을 확인해서 모두 처분한 후에, 마지막으로 수납 상자를 사용하라고 조언한다. 또 그걸로 모두 끝났다고 생각할 게 아니라 정기적으로 다시 살펴봐야 한다. 막연히 다 정리했다는 기분이 들면 적당량보다 훨씬 많은 물건을 갖고 있다는 사실을 깨닫지 못하기 때문이다. 그녀는 상자 안에 물건을 수납함으로써 너무 많이 가진 사실을 깨닫지 못하는 현상을 '수납의 블랙박스화'라고 부른다.

"저는 그 밖에도 정리나 수납과 관련해 자주 일어나는 일들을 근거로 해서 그중 몇 가지를 구호로 삼고 있어요. '어디다 뒀더라? 여기에 있었군!' 하는 상황 만들지 않기 작전도 그중 하나죠. 얼마 전 남편이

어떻게 정리해야 할지 고민하던 부엌은 조리도구와 식기를 전부 보이도록 수납했다. 수납 상자 등을 이용해서 종류별로 정리하면 일정한 양을 유지하면서 계속 깔끔하게 사용할 수 있다.

로프트의 수납 상자 안에서 마사지기를 찾아내고는 '여기에 있었군!' 하며 너무 좋아하는 게 아니겠어요? 물론 저는 머리를 절레절레 흔들었지만요. 이런 일을 없애려면 수납 상자에 대한 개념과 습관을 바꾸는 게 중요해요. 그러면 물건을 어디에 두었는지 몰라서 여기저기 찾아 헤매는 일도 없어질 거예요."

그 밖에 '훤히 들여다보이는 정리법'이나 '마루에 두는 물건을 최소한으로 줄이기' 작전도 있다. 그녀의 집은 훤히 다 들여다보이는 곳이 많아서 화장실과 욕실용품 수납장 외에는 붙박이 수납장에 문이 없다. 처음에 이사해서 문이 없는 부엌 수납장을 봤을 때는 센스를 발휘해야 한다는 압박감에 이사를 취소할까 고민했을 정도다. 하지만 수납 상자의 규격을 일정하게 맞춰 '보여주는' 것에 신경 썼더니, 전체가 한눈에 들어와 항상 일정하게 양을 맞출 수 있는 이점이 있다는 걸 알게 되었다.

"지금은 오히려 이런 상황을 즐기고 있어요. 훤히 들여다보이는 정리법이 저의 사고방식까지 바꿔준 거죠. 이제는 감추는 것만이 수납은 아니라는 걸 알게 되었어요."

'마룻바닥에 놓는 물건은 최소한으로!' 이것은 어느 가정에서나 신경 쓰는 부분일지도 모르지만, 그녀는 여기에 '작전'이라는 이름을 붙였다. 왠지 의욕이 솟아나기 때문이다. 이렇게 자기만의 정리 원칙을 구호로 만들면 실행에 옮길 때 자극이 되고 기운을 북돋워주어서 뜻밖의 효과가 있다고 한다.

최근 벽장을 개조하고 수납 상자를 절반 정도 처분했다. 벽에 선반을 만들고 옷걸이를 달아서 일 년 동안 입는 옷을 정리했다. 자주 사용하지 않는 물품은 선반 위에 둔다.

현관 벽에 긴 선반을 달아 신발을 정리했다. 이렇게 하면 갖고 있는 신발의 양을 파악하기 쉽다.

무인양품에서 구입한 소프트박스로 깔끔하게 정리한 복층 로프트의 수납 선반. 계절 이불은 맨 위에 보관한다.

막상 물건을 버리려고 해도 많은 의식의 벽이 우리 앞을 가로막는다. '아직 쓸 만해' '아까워!' 하는 생각이 바로 그런 벽이다. 하지만 가장 높은 벽은 무엇보다도 구매 가격이 아닐까?

그녀는 언젠가 한 달 치 월급을 쏟아부어 샀던 가방을 팔려고 내놓았다가 놀랍도록 싼값이 매겨져 있는 걸 보고 망설였던 적이 있다. '이 가방을 사느라 내가 썼던 그 돈은 다 뭐였을까!' 하는 생각에 한심스러울 정도였다. 그래서 앞으로는 비싼 물건을 살 때 자신에게 꼭 이렇게 물어보기로 했다.

'언젠가 이 물건을 되팔아야 할 때는 지금 가격의 3분의 1도 안 될 텐데, 그래도 괜찮겠어?'

"물건을 사기 전에 그만한 가치가 있는지 자신에게 다시 한 번 물어보는 거죠. 이런 대화를 통해 정말로 소중히 간직할 물건을 찾을 수 있다고 생각해요."

마찬가지로 물건을 처분할 때는 감사와 반성의 마음을 담는다. 우리가 가진 물건은 모두 한 번은 자신의 보물 상자에 넣어 소중히 간직했던 보물들이다. 따라서 물건을 버릴 때는 그 보물을 손에 넣었을 때의 기쁨과 추억을 되새기면서, 두 번 다시 같은 일을 되풀이하지 않겠다고 마음먹는 게 중요하다. 구라타 씨는 이런 과정이 없으면 매번 똑같은 일을 반복하게 된다고 강조한다.

구라타 씨의 남편은 회사에서 기획과 디자인 일을 하고 있는데, 일

침대 하나만 놓여 있는 침실. 아무것도 없기에 숙면을 취할 수 있다. 아침에는 창문으로 들어오는 간지러운 햇살에 눈을 뜬다.

이 많아서 집으로 일거리를 갖고 오는 경우도 많다. 그는 결혼하고 나서 아내가 더욱 정리에 박차를 가했다며, 물건이 없으니 전보다 더 집중력이 높아졌다고 말한다.

"예전에는 정보가 많을수록 좋은 아이디어가 떠오른다는 생각에 이런저런 자료들을 잔뜩 쌓아두고 일했어요. 아이디어를 얻기 위해 수많은 정보에 속박되어 있는 셈이었죠. 그러다가 생각을 바꿔서 자료 대부분을 데이터화하거나 처분했습니다. 덕분에 지금은 장소에 구애받지 않고 자유롭게 일하고 있어요. 게다가 작업 시간이 줄고 일의 성과도 확연히 좋아졌습니다."

심플한 환경과 생활의 질이 비례한다는 사실을 깨닫고 실천할 수 있었던 건 모두 아내 덕분이다.

"유니클로와 기린 맥주 광고로 잘 알려진 크리에이티브 디렉터 사토 가시와佐藤可士和 씨도 일의 정밀도를 높이기 위해 사무실은 물론 인간관계도 디자인한다고 들었어요. 그런 의미에서, 아내는 생활 자체를 디자인하는 거라고 할 수 있겠죠. 저도 아내의 영향으로 물건을 버리고 단순하게 사는 법을 조금씩 실천하고 있고요. 언젠가는 회사 책상을 너무 깨끗이 정리해놓았더니 동료들이 '그만두시는 겁니까?' 하고 묻더라고요(웃음)."

구라타 씨가 무엇보다 중요하게 생각하는 것은 집에서 보내는 일상의 행복감이다. 남편과 함께 아침을 먹고, 오후에 느긋하게 홍차를 마시거나 책을 읽는 시간이 더없이 소중하다. 어쩌다 화창한 날이면 어김없이 이불을 꺼내 햇볕에 말리면서 여유롭게 지내기도 한다.

물건을 버리는 것은 이런 이상적 생활을 얻기 위한 수단에 지나지 않는다. "목욕타월을 버린다고?" "주전자도 필요 없어?" 하며 물건을 하나하나 버릴 때마다 놀라던 남편도 지금은 이 생활을 마음에 들어 한다. 그래서인지 예전보다 집에 있는 시간도 늘었다.

"하지만 아직도 멀었어요. 사실은 이제부터죠. 가장 중요한 건 두 사람이 함께 마음 편하게 지내는 일이라고 생각해요. 전 삶에 정해진 결승점 같은 건 없다고 생각하거든요. 그러니 앞으로도 초조해하지 않고 충분히 시간을 들여 서로가 목표로 하는 도착지점을 찾아나갈 수 있기를 바랄 뿐이에요."

SIMPLE ROOM 04

히지
회사원

거실의 마룻바닥에는 '에어리 매트리스 airy mattress'와 접이식 탁자 외에는 아무 것도 두지 않는다.

물건을 없애고 되찾은
혼자만의 자유시간

"물건으로 과시하는 건
자신의 가치를 떨어뜨리는 행위일 뿐입니다"

히지肘

증권 딜러. 일본에 미니멀리스트 붐을 이끈 블로거 중 한 명으로 많은 미니멀리스트들에게 영향을 주었다. 자기가 좋아하는 일만 할 수 있는 자유로운 시간을 위해 물건을 갖지 않는 생활을 시작했다. '물건을 갖지 않는 미니멀리스트(http://minimarisuto.jp)'라는 블로그를 운영 중이다.

좋아하는 일에만 시간을 쓴다

히지 씨는 일본에 미니멀리스트 붐을 일으킨 유명 블로거다. '물건을 갖지 않는 미니멀리스트'란 블로그를 운영 중인데, 많은 사람들이 그의 글과 사진을 통해 영감을 받아 미니멀리스트의 길로 들어섰다.

그는 생활에 필요한 최소한의 물건만 있어도 살아가는 데 전혀 불편하지 않다는 신념을 갖고 있다.

"방에 아무것도 없으면 생활이 정말 편합니다. 우리 집 마루에는 아무것도 없기 때문에 청소도 금세 끝나고, 물건을 사기 위해 쇼핑을 하는 일도 별로 없어요."

미니멀리스트가 되고부터는 예전보다 자유시간이 늘어서 현재의 생활에 아주 만족하고 있다.

"전 자신이 좋아하는 일에 온전히 몰두할 수 있는 생활이야말로 정말 가치 있다고 생각해요. 물건이 많으면 아무래도 그것들을 관리하는 데 시간을 빼앗기게 되어서 오롯이 나만의 시간을 보낼 수 없거든요. 그런 생활은 자신이 원해서 하는 것처럼 보이지만, 실상은 물건에게 지배당하는 생활일 뿐이라고 생각해요. 텔레비전이 아주 좋은 예죠. 텔레비전은 한 번 틀면 계속 켜놓게 되잖아요? 멍하니 보다가 눈 깜짝할 사이에 훌쩍 시간이 지나버리죠. 그런 식으로 자기도 모르는 사이에 텔레비전에 완전히 지배당하는 겁니다."

그의 집에는 텔레비전이 없다. 텔레비전을 보는 건 좋아하지만, 거기에 시간을 허비하는 것은 싫기 때문이다. 대신 작년에 머리에 장착하는 헤드 마운티드 디스플레이(머리 부분에 장착해 눈앞에 있는 스크린을 보는 영상 장치-옮긴이)를 구입했다. 영화관에서 보는 것처럼 생동감 넘치는 영상을 볼 수 있는 데다, 크기가 작아서 공간도 차지하지 않는다. 또 대략 세 시간 정도 이용하면 눈이 피로해지기 때문에 적당한 시간에 사용을 중단할 수 있다.

"멈출 때를 잘 인지하지 못하는 텔레비전과 달리, 이 기계를 사용하면 영화나 라이브 영상 한 편 분량의 시간에 멈출 수 있습니다. 그렇게 자신만의 시간을 만들어내는 것이 중요하다고 생각해요. 전 집에 있을 때만큼은 좋아하는 일에 100퍼센트 시간을 쓰고 싶거든요. 정말 즐거운 일이 아니라면 거기에 아까운 시간을 들이고 싶지 않아요. 게다가 이런 생활을 실천하는 데는 돈이 많거나 적은 건 상관없으니 더 좋고요."

시간을 어떻게 쓰느냐는 사람마다 다르겠지만, 그는 집에 돌아오면 주로 태블릿형 PC로 인터넷 서핑을 한다. 다른 사람들에게는 이런저런 인터넷 사이트를 넘나드는 게 쓸모없는 일일지도 모르지만, 그에게는 꼭 필요한 시간이다.

"저는 증권 딜러로 일하고 있는데, 쓸데없는 거래를 하면 금액에 손실을 입기 때문에 효율적으로 일해야 해요. 다른 것도 마찬가지라고 생각합니다. 쓸데없는 시간을 최대한 줄일 수 있다면 자신이 좋아하는 일만 하면서 살아갈 수 있지 않을까요? 그런 면에서 전 '자신이 좋아하는 일을 하고 있다'고 자신 있게 말할 수 있어요. 그렇게 말할 수 있느냐 없느냐, 그 의식의 차이가 가장 중요하지 않을까요? 만약 미니멀리스트가 되고 싶은 사람이 있다면 물건을 버리기 전에 의식을 바꾸는 일부터 시작하면 좋을 겁니다."

꼭 필요한 물건만 남겨둔다

히지 씨는 원래 정리하는 걸 싫어하는 성격이었다. 물건이 쌓이면 정리를 안 해서 방이 늘 어지럽혀져 있었다. 수납가구가 있어도 관리할 능력이 없으니 아무런 의미가 없었다.

미니멀리스트가 된 후로는 꼭 필요한 물건만 남겨두기로 매일 자기 자신을 다잡고 있다. 방 안에 물건이 넘치면 분명 거기에 시간을 빼앗길 거라고 생각하기 때문이다.

"솔직히 예전에는 방도 굳이 필요 없고 캠핑카에서 살고 싶다고 생각한 적도 있어요. 여름에 너무 더울 것 같아서 생각만으로 그쳤지만요. 하지만 완전히 포기한 건 아니에요. 언젠가 궁극의 생활을 하게 된다면 그때는 캠핑카에서 살려고 해요. 지금 사는 방도 마음에 들기는 하지만 조금 더 좁으면 한층 편안할 것 같긴 해요."

지금 방 안에서 가장 큰 물건은 '에어리 매트리스'다.

"예전에는 침대를 썼는데 공간을 꽤 차지해서 거추장스러웠거든요.

에어리 매트리스는 히지 씨의 영향으로 미니멀리스트들의 필수 애용품이 되었다. 평소에는 접어서 소파 대용으로 사용한다.

이불도 사용해보았는데 나무로 된 마룻바닥이라 뒹굴기라도 하면 아프더군요. 여러 가지 방법을 시도해본 결과 이 매트리스가 가장 좋았어요. 너무 마음에 들어서 휴일에는 이 위에서 대부분의 시간을 보낼 정도예요."

아침에 일어나면 매트리스를 접어서 소파 대용으로 사용한다. 헤드 마운티드 디스플레이로 텔레비전을 볼 때나 컴퓨터를 사용할 때도 매트리스 위에 앉는다. 방 안에 쓸데없는 물건이 없어서 움직일 필요도 없으니 더욱 마음에 든다고 한다.

"PC는 최신 랩톱 태블릿 서피스 프로Surface Pro를 갖고 있는데, 평소에는 거의 태블릿으로 사용합니다. 노트북으로 사용하려면 테이블이 필요하기 때문에 번거로워서 그리 자주 쓰지는 않아요. 태블릿형은 어디서든 손쉽게 쓸 수 있는 데다 손에 들고 사용할 수 있어서 편리하거든요."

예전에는 책이 매우 많아서 책장만 해도 몇 개나 갖고 있었지만, 전자화한 후 모두 처분했다. 좋아하는 만화책도 사거나 따로 보관하지는 않는다. 대신 컴퓨터로 보거나 만화카페에 가는데, 이편이 훨씬 경제적이라고 생각한다.

미니멀리스트 생활을 시작하고부터는 기본적으로 거의 쇼핑을 하지 않는다. 예전에는 '버리는' 일을 중요하게 생각했지만, 일단 물건이 늘어나지 않으면 매번 정리할 필요가 없다는 사실을 알게 된 후로는 물건을 새로 사는 데 신중해졌다. 버리는 일보다 '물건을 사는' 일에 초점을 맞춰야 깨끗한 방을 유지할 수 있다는 사실을 깨달았기 때문이다.

"언젠가 '버린다'는 것에 관해 깊이 생각한 적이 있습니다. '정말로 아무것도 없는 방에서는 어떤 생활이 가능할까? 불편하지는 않을까?'

옷은 옷장 안에 넣을 수 있을 정도만 갖고 있다. 휑한 옷장의 가운데 선반에 PC를 올리고 간이 컴퓨터 작업실로 사용하기도 한다.

조리도구는 냄비 하나와 부엌칼, 도마가 전부다. 히지 씨는 주로 집에서 밥을 해 먹는데, 볶음 요리도 냄비 하나로 척척 해낸다.

하는 질문들이요. 깊이 생각한 끝에 모든 것을 버리는 것은 무모한 일에 불과하다는 결론을 내렸습니다. 어쩌면 당연한 결론일지도 모르죠.

하지만 그런 것을 생각해봤다는 데 의미가 있다고 생각해요. 그 시간이 있었기에, 제게 필요한 물건과 필요하지 않은 물건을 구별할 수 있게 되었다고 자부하거든요."

지금까지 버린 것 중에서 가장 큰 물건은 침대다. 그 밖에도 여러 가지 물건을 많이 버렸는데, 한때는 냉장고를 버릴까 하고 망설이기도 했다. 하지만 냉장고 없이 지내는 건 역시 무리라는 생각에 남겨두었다. 소유물이 적을수록 자유롭고 좋은 건 분명하지만, 그로 인해 생활이 곤란해지는 걸 바라진 않는다. 히지 씨는 이런 사고 방식을 물건을 전부 버리는 것이 아니라 필요한 물건은 남겨두는 단샤리와 같은 의미라고 말한다.

물건으로 나를 과시하지 않는다

내게 필요한 물건인지 아닌지를 구분 짓는 경계선은 '일 년'으로 잡는다. 일 년 이상 사용하지 않은 물건이라면 필요 없는 물건으로 분류하고 과감히 버리는 것이 좋다.

만약 버리기가 망설여진다면 다시 한 번 확인 과정을 거쳐도 좋다. 버릴까 말까 망설이고 있는 물건을 수납장 안에 넣은 후 일 년간 사용하지 않고 지내보는 것이다. 만약 그 물건 없이도 생활하는 데 아무 불편이 없었다면 필요 없는 물건이라고 판단해도 무방하다.

이 과정을 몇번 반복하다 보면 나중에는 물건이 거의 남지 않는다.

살아가는 데 꼭 필요한 물건은 정말 몇 가지밖에 없기 때문이다. 물론 그 사실을 깨닫는 건 자신에게 달려 있다.

"알찬 생활을 하고 싶다면서 물건에 시간을 빼앗기는 건 어리석은 일입니다. 특히 스마트폰으로 별 시답잖은 사이트를 드나드는 시간은 정말 아깝더라고요. 저도 아직 딱 끊지는 못했지만, 만약 지금보다 물건이 더 많다면 한층 더 시간을 허비하면서 살고 있겠죠. 저는 저 자신에게 꽤 관대하거든요(웃음)."

히지 씨는 자기 관리 능력이 뛰어나지 않은 사람에게는 물건이 많은 것이 독일 뿐이라고 말한다.

물건은 필요할 때 필요한 만큼만 사는 것이 그의 원칙이다. 현대 소비사회에 반기를 드는 건 아니지만, 당장 필요하지도 않은 물건을 사서 집 안 여기저기에 쌓아두는 소비 행태는 피하고 싶다. 또 갖고 싶은 물건이 있어도 곧바로 사지 않는다. 정말로 내게 필요한 물건인지 아닌지를 충분히 고민한 후에 구매를 결정한다. 고민 없이 가벼운 마음으로 마구 사들이다 보면, 어느새 물건으로 자신을 과시하는 사람이 될지도 모르기 때문이다.

언젠가 히지 씨의 대학교 시절 친구가 대기업에 면접을 보러 간 적이 있다. 결국은 합격하지 못했는데, 겨우 회사 하나에 떨어진 일로 무척 풀이 죽어 있었다. 친구는 그 기업에 관해 아무것도 알지 못하면서 단지 대기업이라는 기호를 얻고 싶었던 거라고 생각한다.

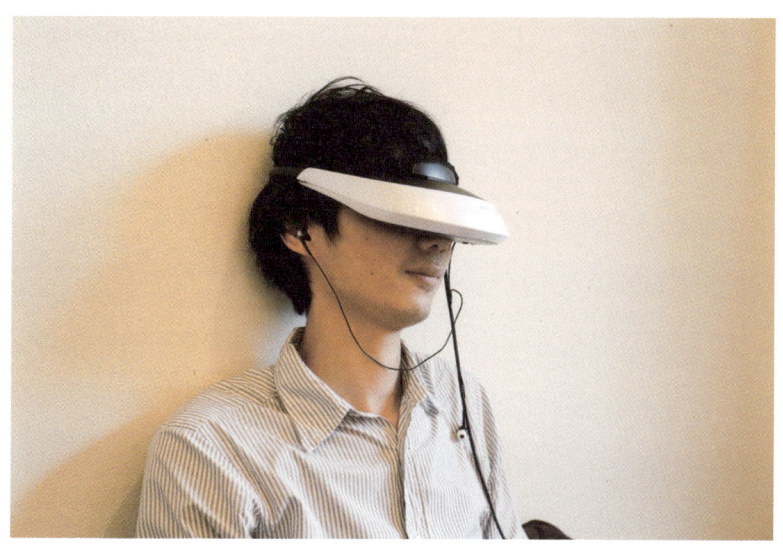

텔레비전을 없애고 소니의 헤드 마운티드 디스플레이로 방송을 본다. 적절한 시간에 시청을 멈출 수 있어서 편리하다.

평소에 사용하는 백팩은 노트북과 최신 휴대형 전자기기만으로 미니멀하게 꾸린다.

"전 아무것도 없는 상태에서 맨손으로 싸우고 싶어요. '이 물건을 갖고 있으니까' 하는 심리로 자신을 과시하는 것이 정말로 싫습니다. 명품 가방을 갖고 있다는 게 왜 근사한 일인지도 전혀 모르겠고요. 저에겐 '그래서 뭐?' 하는 느낌일 뿐이에요. 그런 물건은 허세 이외에 아무것도 아니잖아요?"

물건으로 승부하는 대신 자신의 능력만으로 평가받는 사람이 되는 것이 히지 씨의 바람이다. 보통 사람들과는 다른 사고방식일지도 모르지만, 자기 자신 이외의 다른 무언가로 자신을 높이려고 애쓰는 사람들을 보면 측은한 마음마저 든다. 비싼 고급차나 초호화 아파트, 남들이 부러워할 만한 학력을 갖고 있다고 해서 자신의 진정한 가치가 높아지는 건 아니기 때문이다.

미니멀리스트 사이에서는 이런 것들을 '기호記號'라고 부른다. 그는 물건을 소유한다는 건 결국 사회적 신분이나 계급과 연결되는 기호를 가진 것에 지나지 않는다고 생각한다.

"오늘날의 사회는 이런 기호성만을 보고 있죠. 하지만 저는 그런 기호 따위에 얽매인 생활은 싫습니다. 그보다는 더 자유롭고 즐거운 인생을 살고 싶어요. 왜 모두들 신분을 높이려고만 하는 걸까요? 전 즐겁게 살 수 있다면 그런 것쯤은 낮아도 별로 상관없다고 생각해요. 사회적 신분이 높고 남들 보기에 성공했다고 해서 행복하거나 자유롭게 살 수 있는 것은 아니니까요. 갖고 있는 물건으로 나의 가치를 과시하는 대신 물건이 없어도 자신과 자신의 생활을 긍정할 수 있다면 그걸로 좋지 않을까요? 그래서 저는 앞으로도 물건이 없는 이 생활을 계속 이어나가려고 합니다."

거실에는 물건을 최소한으로 줄이고 텔레비전과
고타쓰, 화분 하나만 두었다.

빗자루 하나로 시작된
미니멀 라이프

"스트레스에서 해방되어
홀가분한 마음으로 살아간다"

아즈키 小豆

남편과 초등학교 4학년인 딸, 초등학교 3학년인 아들과 함께 네 식구의 생활을 규모 있게 꾸려가는 주부. '취미는 청소'라고 말할 정도로 깨끗한 것을 좋아한다. 동일본 대지진을 계기로 미니멀 라이프에 눈을 떠 매일 단샤리를 실천하고 있다. '갖지 않는 생활(http://watasinokurasi. hatenablog.com)'이라는 블로그를 운영 중이다.

빗자루 하나가 모든 것을 바꿨다

아즈키 씨의 집은 남편과 전업주부인 아즈키 씨, 그리고 초등학교 4학년인 딸과 3학년인 아들 네 식구가 함께 살고 있다. 그녀가 미니멀한 생활에 눈뜬 계기는 동일본 대지진이었다.

2011년 3월 지진이 일어난 후, 일본에는 전력난으로 전기를 사용할 수 없는 시간대가 생겼다. 그녀는 그때 문득 청소기 대신 빗자루와 쓰레받기로 청소를 해보면 어떨까 하는 생각이 들었다.

"바로 사놓고 쓰지 않던 빗자루를 꺼내 청소해봤더니, 마음이 아주 차분해지더라고요. 청소기를 돌릴 때처럼 '위잉!' 하는 소음은 물론 쿰쿰한 냄새도 나지 않아 좋았어요. 코드를 바꿔 꽂아야 하는 번거로움도 없는데다 조용하고 손쉽게 청소할 수 있더군요. 물론 전기료도 들지 않고요. 그래서인지 정말로 청소가 즐겁게 느껴졌어요. 지금 생각해보면 빗자루로 청소한 것이 모든 일의 시작이었던 것 같아요."

또 한 가지 큰 변화는 자동차를 처분한 일이다. 그녀가 사는 지역은 한 사람당 자동차 한 대를 갖는 걸 당연하게 여기는 곳인 데다, 당시에는 아이들도 유치원생으로 아직 어렸다. 그래서 차를 처분하는 데 불안한 마음이 없진 않았다. 하지만 아이들의 친구 엄마 중에도 면허가 없는 사람이 있고, 차가 없어도 어떻게든 되겠지 하는 마음에 두 눈 딱 감고 차를 팔았다. 차를 없앤 후에는 주로 버스를 이용했다. 아픈 아이를 안고 걸어서 15분 정도 걸리는 병원에 가야 했을 때는 조금 힘들었지만, 그 외에는 다행히 큰 어려움이 없었다고 한다.

"'자동차가 없어도 어떻게든 방법이 있구나!' 하고 느낀 후로 제 마음에 조금씩 변화가 생겼어요. 지금까지 의식하지 못했던 '친환경적 생활'과 '자연주의'에 눈을 뜬 거죠. 절약, 절수, 에코백 지참 등 사소한 일일지도 모르지만, 조금 더 환경과 자연을 생각하고 천천히 시간의 흐름을 느끼며 살아가게 되었어요."

그 후 '슬로 라이프'나 '심플 라이프' 같은 검색어로 찾은 관련 블로그를 자주 방문하다가 '단샤리'라는 단어에 이르게 된다. 블로그를 보면서 신중한 생활을 실천하는 사람들을 동경하게 된 아즈키 씨는 '나도 단샤리를 실천해볼까!'라는 생각으로 바로 옷장 정리에 착수했다.

그녀는 핸드메이드 제품을 굉장히 좋아해서 직접 옷을 만들거나 뜨개질을 하기도 했다. 그래서 그런 취미생활에 쓰이는 도구가 선반을 가득 채우고 있었다. 처음에는 '이 도구들을 버리면 이젠 옷을 만들 수 없겠지?'라는 생각에 망설였다. 하지만 '일 년 동안 손대지 않았던 물건은 처분하자'고 마음먹었더니 놀랍게도 거의 대부분이 그 경우에 해당되었다.

"정리를 마친 후 깔끔해진 옷장을 보며, '이게 바로 블로그를 하는 사람들이 매일 보고 있는 세계로구나!' 하고 느끼게 되었어요. 제가 미니멀리스트로 거듭나게 된 작은 계시였죠. 혹시 지금부터 미니멀 라이프를 시작하려는 분이 있다면 저처럼 '일 년 규칙'을 정해보면 어떨까요? 사용하지 않고 쌓아둔 물건들이 엄청나게 많다는 사실에 분명히 놀랄 거라고 장담해요."

그렇게 어느 정도 물건이 줄어들었을 때 '미니멀리스트'라는 단어를 만난다. 그런데 '미니멀리스트가 뭘까?' 하는 호기심에 조사하다가 보게 된 그들의 방은 그야말로 충격이었다. '침낭에서 잔다' '짐은 여행용 트렁크에 들어갈 만큼만 갖는다' '홀가분하게 살기 위해 집은 소유하지 않는다' 등등. 아즈키 씨는 그들의 생활상을 알고는 '미니멀리스트는 굉장하구나!' 하고 감탄하게 된다.

최소한의 물건만으로도 생활할 수 있다는 사실을 알고 나자, 정리하는 데도 속도가 붙었다. 잔뜩 비축해놓은 식품, 사용하지 않는 조리도구와 식기, 옷, 신발을 정리하며 철저하게 단샤리를 실행했다.

"저는 원래 허영심이 있어서 남에게 멋있게 보이고 싶은 마음에 잔뜩 물건을 사서 쌓아두었어요. 그런데 미니멀리스트의 세계를 알고 나서는 물건 자체에 집착하지 않고, 차츰 필요 없는 것들을 버릴 수 있게 되었죠. '아직도 더 버릴 수 있어' '이건 버려도 돼' 하면서 말이에요."

버릴까 말까 망설여질 때는 지금 당장 필요한지, 그것만 생각했다.

"'앞으로 사용하게 될지도 모르는데?'라고 생각하면, 이 세상에 필요하지 않은 물건은 없거든요. 버릴지 말지의 판단은 어느 정도 훈련으로 익숙해져요. 또 버리면 버릴수록 결단 내리는 속도도 빨라지고요. 전 오히려 망설여질 때는 과감히 버립니다. 그렇게 지금까지 사 모은 물건

아즈키 씨는 싱크대 주변에 아무것도 없는 이 상태가 가장 마음에 든다고 한다. 쉽게 더러워지는 세제 받침도 과감히 없앴다.

그릇은 모두 흰색으로 통일했다. 아래 칸 왼쪽에 있는 그릇은 '야마자키 빵 축제'에서 경품으로 받은 것이다.

냄비는 크기별로 세 개만 갖고 있다. 밥도 냄비에 짓기 때문에 밥솥이 따로 없다.

자주 사용하는 커트러리 세 가지는 서랍 안에 둔다. 커다란 스푼은 주걱으로도 사용한다.

들 중에서 필요하지 않다고 판단되는 것들을 차례대로 버렸더니, 나중에는 남은 것이 너무 적어서 놀랐어요. '정말로 소중한 물건이란 건 이렇게나 적구나!' 하고 말이죠."

아즈키 씨의 집은 점점 아무것도 없는 공간으로 바뀌어서, 지금은 집 안 어디에 무엇이 있는지 전부 말할 수 있을 정도로 물건이 줄었다. 빗자루 하나가 꽤 많은 것을 바꾼 셈이다.

홀가분한 마음으로 살아간다

거실에는 지금 텔레비전과 탁자로 쓰는 고타쓰(이불로 덮은 탁자 아래에 열원이 붙어 있는 일본의 전통 온열기구-옮긴이) 외에는 아무것도 없다. 느긋하게 쉴 때는 마룻바닥에 방석을 깔고 앉는다.

"집에 놀러 온 친구가 '목소리가 울려' 하고 놀랄 정도로 물건이 없어요. 거실뿐 아니라 어느 방이든 모두 그래요. 예전에는 물건으로 넘쳐나던 집이었는데 말이에요. 아이들 장난감이 말도 못 하게 많고, 부엌도 어수선한 데다 수납장은 늘 물건이 넘쳐서 비어져 나오기 일보 직전이었죠. 미니멀리스트로 살고부터는 물건을 싹 줄였지만요. 주위로부터 '불편하지 않아?'라는 말을 자주 듣는데, 불편하기는커녕 좋은 점투성이에요. 잃은 것이나 참고 있는 것은 정말로 하나도 없어요."

정신적이나 현실적 면에서 좋은 점을 일일이 헤아리자면 끝도 없지만, 가장 먼저 꼽고 싶은 것은 단연 청소한 후의 기분 좋은 느낌이라는 아즈키 씨. 그녀는 거실, 안방, 부엌, 화장실, 복도를 비롯한 집 안 곳곳을 매일 청소한다.

보통 새벽 다섯 시 반에 일어나는데, 아이들이 일어나는 여섯 시 반까지가 청소시간이다. 청소기 대신 빗자루로 쓸고 걸레로 닦기 때문에 아침 일찍부터 해도 상관없고 30분이면 청소가 끝난다. 청소를 간편하게 하기 위해서 바닥에 물건을 두지 않는다는 원칙을 철저히 지키고 있다. 또 내추럴 클리닝, 즉 환경을 오염시키지 않는 자연주의 청소법을 의식하고부터는 중탄산소다나 구연산 같은 친환경 세제를 사용하고 있다.

"집을 깨끗이 청소해두면 금전 운이 좋아진다고 하는데, 저는 그 말을 정말 믿어요. 우리 집의 금전 운이 쭉쭉 올라가고 있거든요. 물론 쓸데없는 물건을 사지 않게 된 덕분이기도 하지만, 상여금이 나오는 달도 아닌데 남편이 회사에서 특별 보너스를 받아오기도 했어요. 분명, 물건이 많아서 지저분한 방에는 가난의 신이 머물다가 쓸모없는 물건을 없애고 깨끗하게 청소하면 그곳을 떠나는 거라고 생각해요."

여러 가지 스트레스에서도 해방되었다. 무엇보다 물건을 더 갖고 싶다는 욕구가 줄었다. 물건을 버릴수록 필요한 물건과 그렇지 않은 물건이 명확히 구분되는 까닭이다. 최근에는 잡지와 광고 정보 등에 유혹당하는 일 없이 얼마나 홀가분하게 살아가느냐에 관해서만 생각한다. 예전에 잡지에서 눈여겨보던 '집이 깔끔해 보이는 수납기술' 같은 기사에

거실에 자리한 고타쓰. 겨울에는 난방 이불을 덮어 사용하고 다른 계절에는 탁자로 사용한다.

도 이제는 신경 쓰지 않는다. 이렇게 정리에 쫓기는 스트레스가 없어지면서 하루하루의 시간이 여유로워졌다.

"무엇보다 가장 큰 효과는 물건이 주는 스트레스에서 벗어났다는 사실이에요. 물건이란 건 그 자리에 있는 것만으로도 우리에게 메시지를 보내거든요. 예를 들면 쓰지 않고 쌓아둔 옷감을 볼 때마다 "옷은 언제 만들 거야?" 하고 물어보는 것 같은 느낌을 받는다든지요. 이렇게 사용하지 않는 조리도구, 냉장고 안쪽에 들어 있는 조미료, 읽지 않는 어려운 책 같은, 사놓고 사용하지 않는 물건들이 모두 질문을 해대면 죄책감은 점점 더 커져가요. 그렇다고 물건들이 내지르는 소리에 어중간하게 정리하는 식으로 대답했다가는 결국 중간에 두 손 들고 포기하기 쉽고요. 물건을 버림으로써 이런 실패 과정을 없애고 자신이 정말로 하고 싶은 일과 마주할 수 있게 되는 거죠."

아즈키 씨는 설령 나중에 다시 사게 되는 한이 있더라도, 그때 지불하는 돈보다 물건을 버리지 않고 보관하면서 받는 스트레스가 훨씬 크다고 생각한다. 더구나 지금까지의 경험으로 볼 때 버린 물건을 나중에 새로 사게 되는 일은 거의 없다.

"추억도 정리의 큰 걸림돌 가운데 하나입니다. 물론 추억은 소중하죠. 하지만 물건을 버려도 기억에는 남잖아요. 최근에 저는 10년 동안 보관해오던 웨딩드레스를 버렸어요. 언젠가 딸에게 물려주려고 간직하고 있었는데 부담이 될 수도 있다는 생각이 들더라고요. 딸이 자기 마음에 드는 드레스를 직접 고르고 싶어할지도 모르고, 만약 입지 않겠다고 하면 제가 충격을 받을 수도 있잖아요? 수납장을 열 때마다 줄곧 신경이 쓰였는데 큰맘 먹고 버렸더니 아주 후련해졌어요. 물건을 버리면 마음의 부담도 함께 가벼워지더군요."

아즈키 씨의 옷장. 계절별로 입는 옷 몇 벌과 매트리스 등을 수납한다.

타인의 시선에서 벗어나 마음 편하게

아즈키 씨의 아이들도 이제 엄마 못지않은 미니멀리스트가 되었다. 딸이나 아들 모두 여름옷은 몇 벌만 갖고 있는데 실제로 입는 옷은 두 벌뿐이다. 그날 입은 옷과 전날 세탁해서 널어놓은 옷을 번갈아가며 입는다. 딸은 슬슬 멋 부리기에 눈뜰 나이인데도 아직은 옷에 전혀 욕심이 없다.

"우리 애들 방은 휑해서 아무리 봐도 아이들 방 같지는 않아요. 저를 보고 배웠는지, 아이들도 자연스럽게 '방 정리해야지' 하며 알아서 청소를 하더군요. 그래서 방이 늘 잘 정돈되어 있어요. 부모가 봐도 조금 특이한 아이들이지만, 다행히 그런 바지런한 행동이 좋아 보였는지 친구들도 따라하고 있는 모양이에요.(웃음)"

아이들 사이에서는 대개 이것저것 물건을 많이 가진 아이가 인기있기 마련이다. 또 집에 비싼 물건을 새로 샀다고 자랑하기도 한다. 그런데 얼마 전 아들의 친구가 아즈키 씨의 아들에게 "너희 집은 호화로워서 좋겠다"라는 말을 했다고 한다.

"아들에게 그 이야기를 듣고 조금 의아하더라고요. 그 애의 집이 우리 집보다 물건도 많고 장난감도 한가득이라고 들었거든요. 그런데도 우리 집이 호화롭다니 말이에요. 아마 잘 정리된 우리 집을 보고 편안함을 느낀 건 아닐까 싶어요."

물론 걱정되는 점도 있다. 언젠가 텔레비전에서 연예인의 옷장을 소

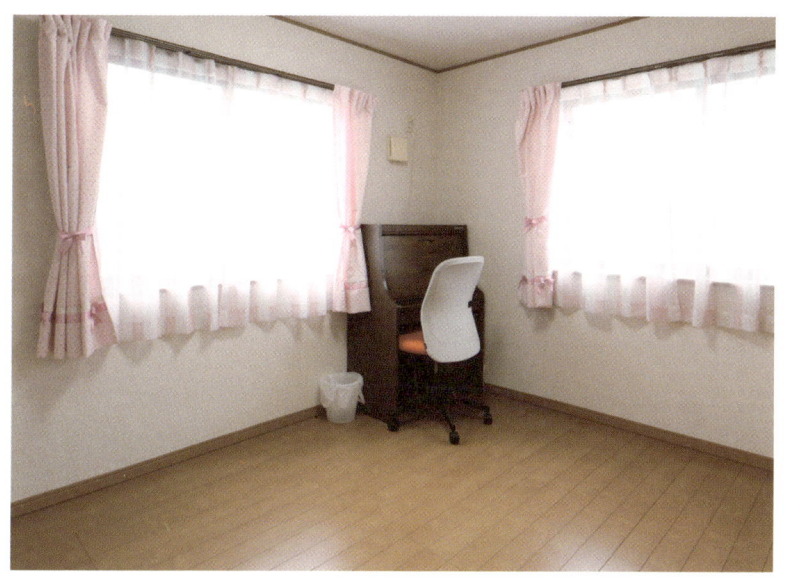

큰딸의 방. "저보다 더 미니멀리스트예요"라는 아즈키 씨의 말이 납득이 갈 정도로 심플하다.

딸의 방에 딸린 옷장 속에는 일 년 동안 입는 옷과 체육복 등이 들어 있다.

아들의 방 옷장 안에도 일 년분의 옷은 이 것뿐이다. 짐볼은 세뱃돈으로 직접 샀다.

개하는 프로그램을 보던 아들이 "색상이나 모양 전부 똑같은데 왜 저렇게 옷을 많이 사는 걸까? 이유를 모르겠네"라고 말했다. 그녀는 그 말을 듣고 '아차, 이건 아닌데!' 싶었다. 아이가 물건을 많이 가진 것을 잘못된 일로 판단하고 있다는 생각에, 그 후부터는 "사람마다 행복의 기준은 모두 다른 거란다" 하는 식으로 알려주고 있다. 나와 다른 생각일지라도 물건을 소유함으로써 더 힘이 나고 열심히 살 수 있다면 그것이 그 사람에게는 최선이라고 생각하기 때문이다. 사고방식이나 삶에 대한 가치관은 다른 누구에게도 강요받아서는 안 된다는 것이 그녀의 지론이다.

아즈키 씨의 가족들이 지금처럼 살게 된 데는 누구보다 남편의 도움이 컸다. 집안일을 모두 그녀에게 맡겨주는 너그러운 남편이 없었다면 지금의 생활은 불가능했을 것이다.

남편은 "나도 내가 이렇게까지 할 줄은 몰랐는걸" 하면서도 아내의 방식을 기꺼이 따르고 있다. 얼마 전에는 그동안 모은 만화책들을 "이제는 필요 없어" 하면서 모두 처분해버리기도 했다. 남편은 집 근처 대형쓰레기 유료 처리장의 무료 고객이라고 한다.

"예전 생활을 돌아보면, 전 언제나 사람들의 시선을 신경 쓰며 살아왔던 것 같아요. 꼭 갖고 싶은 것도 아니면서 비싼 브랜드 옷을 사거나 했던 것도 일종의 허세였죠. 옷 만들기를 좋아한 건 사실이지만, 그 이면에는 '좋은 아내, 좋은 엄마로 보이고 싶다'는 마음이 있었어요. '재봉

아즈키 씨 가족이 함께 자는 침실. 아침에 일어나자마자 이불을 개어두어서 낮에는 방에 아무것도 없다.

과 요리도 잘하는 데다 집 안은 물론 정원까지도 깔끔하게 가꾸고 사시다니, 정말 대단하네요!'라는 말을 듣는 멋진 주부가 되고 싶었던 거예요. 하지만 필요한 최소한의 물건만 소유하고 살아가는 지금은 그런 마음이 깨끗이 사라졌어요. 그 대신 정말로 하고 싶은 일과 솔직하게 마주하며 살아가고 있어요."

'이것도, 저것도, 뭐든 다 갖고 싶다'고 생각하며, '돈이 더 있으면 좋을 텐데!' 하고 아쉬워하던 시절도 있었다. 하지만 지금은 생각이 달라졌다. 물론 돈이 많으면 지금보다 편하고 좋기야 하겠지만 없어도 사는 데 크게 지장없다고 여기게 된 것이다.

"'나도 돈을 벌러 나가야 할 텐데' 하고 조바심을 내던 때도 있었지만, 이제는 그런 생각을 버리고 가족들을 위해 구급대 같은 존재가 되기로 했어요. 제가 집에 있어야 아이들이 아파서 조퇴할 일이 생겨도 바로 학교로 데리러 갈 수 있잖아요. 시부모님이나 친정부모님에게 무슨 일이 있을 때도 바로 달려갈 수 있고요. 요즘은 구급대가 나설 일이 별로 없지만, 제가 집에 있다는 사실만으로도 '무슨 일이 생기더라도 걱정 없어'라고 가족들이 안심하는 것 같아요. 그래서 평소에는 느긋하게 집안일을 하면서 혹시라도 가족들에게 무슨 일이 생기면 바로 출동할 수 있도록 대기하고 있어요(웃음)."

가족 모두가 입을 모아 지금의 집이 너무 좋다고 말해주어서 정말 행복하다는 아즈키 씨. 물건이 적어서 조금 허전한 느낌이 들기도 하지만, 그녀의 집에는 마음을 편하게 해주는 공기가 흐르고 있다. 앞으로도 이 공간을 소중하게 여기며 살아갈 거라고, 그녀는 편안한 미소로 다짐한다.

SIMPLE ROOM 06

사카구치 유코
정리 전문가

흰색 벽에 검은색과 나뭇결무늬가 조화롭게 어우러진
거실. 딱 필요한 물건만 있어서 넓고 쾌적해 보인다.

네 식구가 느긋하게
쉴 수 있는 공간

"좋아하는 물건은 단 하나로도 충분하다"

사카구치 유코 阪口ゆうこ

두 자녀를 둔 엄마이자 정리·수납의 프로. 정리 전문가 자격증을 취득하고 정리가 필요한 사람들을 돕고 있다. 좋아하는 것과 물건의 양은 비례하지 않는다는 신념을 가지고 단호하게 물건을 정리해나가고 있다. 집 안 전체가 통일감 있게 정리되어 있는 방이 그녀가 추구하는 이상적 방의 모습이다. 'HOME(http://ameblo.jp/refresherssakaguchi)'이라는 블로그를 운영 중이다.

중요한 것은 물건에 대한 마음

"다양한 사람들이 저에게 상담을 청해오는데, 정리를 잘하지 못하는 사람들은 대부분 물건이 너무 많다는 벽에 부딪히곤 합니다."

사카구치 유코 씨는 정리 전문가 자격증을 취득한 후 사람들에게 정리법을 가르치고 있다. 그런데 일을 하면서 정리에 서툰 사람들의 공통점을 발견하게 되었다. 옷이나 장난감 등 사람마다 각기 종류는 다르지만, 방에 있는 물건이 수납공간의 한계를 초과한다는 점이 가장 큰 정리의 벽이라는 사실을 깨달은 것이다.

그런 문제를 해결하도록 돕는 것이 그녀의 일이다. 정리가 필요한 사람들의 집을 찾아가 생활에 필요한 물건과 불필요한 물건을 스스로 구별해 정리할 수 있게 이끈다. 도움을 청해온 고객이 물건을 버릴지 말지 망설일 때는 조언을 하기도 하지만, 그녀가 버릴 물건을 결정하는 일은 절대 없다. 시간이 걸리더라도 스스로 물건을 골라 버릴 수 있도록 한다. 자신에게 필요 없는 물건일지라도, 그 사람에게는 무척 소중하고 꼭 필요한 물건일 수도 있기 때문이다. 그녀는 옆에서 정리를 돕는 역할을 할 뿐이다.

"가끔 '물건'을 주제로 한 세미나를 들을 때면 '과연 나는 어떤가?' 하고 돌아보곤 해요. 저는 원래 꼼꼼한 성격이 아니어서, 물건이 방에 가득하면 정리하지 않고 그냥 놔두곤 했거든요. 솔직히 예전에는 방을 지저분하게 해놓고 살았어요. 그러다가 물건에 대해서 다시 생각하게 되면서 서서히 달라졌죠."

그녀는 바뀌는 생활에 맞춰 물건이 늘어났다 다시 줄어드는 걸 지켜보며 그 속에서 즐거움을 발견했다.

"예를 들어 아이가 태어나면 유모차나 침대 등 아기에게 필요한 물건들을 사잖아요? 그러다가 아기가 크면 그것들을 버리고 유아용 장난감 등을 사게 되고요. 그렇게 원래 갖고 있던 물건을 처분하고 새 물건을 들이는 과정에서 물건의 양이 계속 바뀌는 걸 관찰하는 게 재미있더라고요. 그러다 보니 어느새 정리하는 것도 즐거워졌어요."

정리의 시작은 필요 없는 물건을 버리는 것이다. 사카구치 씨는 물건을 버리는 데는 타이밍이 중요하다고 말한다. 아무리 정리해야겠다고 마음먹은들 지금까지 사용하던 물건을 금세 버리기는 쉽지 않다. 특히 혼자서 정리하려고 하면 그 물건에 대한 추억이 떠올라 좀처럼 버릴 수 없는 경우가 많다. 이때 가장 좋은 방법은 제삼자에게 조언을 구하는 일이다.

"정리 전문가를 불러 도움을 받거나 그럴 수 없을 때는 믿을 만한 친구를 부르는 것도 좋아요. 친구에게 "이건 필요해? 그럼 이건 어때?" 하는 식으로 묻게 한 후, 그 질문에 스스로 대답해가면서 정리하는 거죠. 그러면 그 물건이 자신에게 소중한 것인지 아닌지를 좀 더 잘 분별할 수 있어요. 만약 혼자서 판단하기 어렵다면 친구에게 조언을 구해도 좋고요."

소파 맞은편에는 텔레비전과 미니 수족관을 두었다.

종류별로 가지런히 정돈된 식기들. 되도록 무늬 없고 단순한 디자인을 선택했다.

잡화는 최대한 줄이는 것이 원칙. 벽 선반에 아이팟과 스피커, 방향제 등을 두었다.

심플한 디자인의 세면대. 칫솔과 빗 등 자질구레한 물건은 모두 선반 안에 넣어둔다.

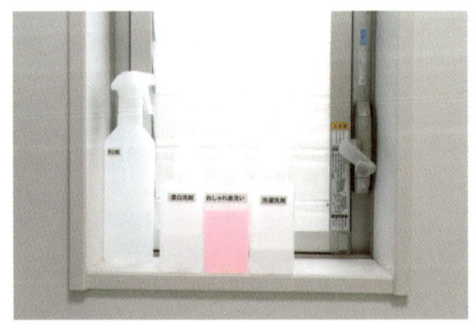

자주 사용하는 세제는 투명한 용기에 담아 이름표를 붙인 후 깔끔하게 진열한다.

물건을 정리할 때 중요한 것은 그 물건에 대한 자신의 마음이다. 어떤 물건에 대해 품고 있는 마음이 친구에게까지 충분히 전해진다면 그 물건은 버리지 않아도 좋다. 그러나 그다지 울림이 없다면 물건 자체에 대한 애정이 적은 것이니 처분하는 편이 낫다.

"누구에게나 좋아하지만 입지 않는 옷이 있을 거예요. 그런 옷을 버리는 것도 중요해요. 물론 버리는 것만이 능사는 아니지만 조금씩이라도 타이밍을 잘 맞춰서 불필요한 물건을 버리면 정리가 손쉬워져요. 아무리 정리하기를 좋아하고, 또 잘한다고 해도 물건이 너무 많으면 전혀 정리한 것처럼 보이지 않거든요."

그녀는 좋아하는 정도와 물건의 양은 비례하지 않는다고 단호하게 말한다. 자신이 정말 좋아하는 물건이라면 단 하나만 갖고 있어도 그 물건에 대한 깊은 애정을 느낄 수 있기 때문이다.

가족 모두의 가치관을 소중히 여기는 집

사카구치 씨가 미니멀리스트로서 추구하는 콘셉트는 '사람들을 초대할 수 있는 집'이다. 물건이 너무 적으면 생활은 할 수 있을지 몰라도 누군가와 함께 즐거운 시간을 보낼 수는 없다. 그런 생활은 그녀가 원하는 것이 아니다.

"전 다른 미니멀리스트들과 비교하면 갖고 있는 물건이 많은 편이죠. 하지만 저와 가족들에게 꼭 필요한 물건밖에 없기 때문에 미니멀리스트라고 자신 있게 말할 수 있어요."

물건을 정리할 때는 '가족들의 가치관'도 소중히 생각한다.

"저는 될 수 있으면 방에 물건을 두고 싶지 않아요. 하지만 남편과 아이들에게 절대 그런 생각을 강요하지는 않아요. 그건 횡포나 다름없으니까요. 만약 제 의견만 주장하며 생활한다면 언젠가는 가족들이 괴로워질 게 분명하거든요. 그래서 아이들에게도 최소한 정리하며 살도록 가르치기는 하지만, 버릴 물건은 스스로 판단해서 선택하도록 하고 있어요."

아이들은 각자 자기 방을 갖고 있다. 하지만 그녀는 제대로 정리를 하지 않으면 개인 공간으로 내어준 방을 빼앗겠다고 선언했다. 자기 방을 관리하지 못하는 사람은 자기 자신도 제대로 관리하지 못한다고 믿기 때문이다.

"만약 아이들이 방을 마구 어지럽힌다면 그건 자기 방을 갖기에는 아직 이르다는 뜻 아닐까요? 전 자신을 제대로 살피고 다스릴 수 있어야 자기 방을 가질 자격이 있다고 생각해요."

아이들이 자기가 해야 할 정리와 집안일을 즐겁게 하는 걸 보면서 화목한 가족으로 살아가는 것이 그녀의 바람이다. 그런 분위기에서 때때로 친구들을 집에 불러 기분 좋게 파티를 즐기고 싶다.

"저는 사람들이 모여 시끌벅적거리는 걸 좋아하는 편이라 친구들을 집에 자주 초대하고 싶어요. 아이들도 친구들을 불러서 집에서 함께 놀

왔으면 좋겠고, 아이들 친구의 엄마들이나 남편의 동료들도 자주 찾아와서 즐거운 시간을 보냈으면 해요."

화목한 가정과 친구들과 함께하는 즐거운 시간. 그녀는 두 가지 모두를 소중히 여기며 살아가고 싶다.

물건이 줄면 시간도 정리된다

물건을 줄이면 쓸데없는 행동도 줄고 자연스럽게 시간도 정리된다. 사카구치 씨는 집 안에서 2층으로 올라갈 때, 먼저 다른 볼일은 없는지 생각하고 되도록 한 번에 일을 마치려고 한다. 그럴 시간에 일을 시작하는 편이 낫지 않겠느냐고 반문할지도 모르지만, 계단을 한 번만 오르고 일을 끝내는 편이 시간을 유용하게 활용할 수 있다고 생각한다. 또 한꺼번에 처리할 수 있는 다른 용무를 찾는 동안, 1층에서 필요한 일을 더 한다면 훨씬 더 시간을 절약할 수 있다.

"저는 일할 때는 남은 시간이 고작 10분이어도 그동안 할 수 있는 일을 찾아요. 조금 귀찮더라도 할 일을 먼저 끝마쳐두면 나중에 자유롭게 쓸 수 있는 시간이 그만큼 늘어나거든요. 짧은 10분이 모여서 때로는 한 시간이 되기도 하니까요. 자기가 좋아하는 일을 한다고 해도 겨우 10분 동안 할 수 있는 일과 한 시간 동안 할 수 있는 일은 다르잖아요? 비어 있는 시간이 많을수록 여러 가지 일을 할 수 있고 더 나아가 알찬 하루를 보낼 수 있다고 생각해요."

이렇게 시간을 정리해가는 동안 자연스럽게 효율성이 높아져서 생활이 전보다 훨씬 편해졌다. 더불어 어떤 일이든 긍정적으로 생각하게 되었다. 생활 속에서 생기는 스트레스가 줄어들면서 모든 일이 좋은 방향으로 나아가는 것 같은 느낌을 받는다.

생활을 충실하게 하는 또 다른 기술은 '물건을 의인화'하는 것이다. 물건에도 생명이 있다고 생각하면 더욱 소중히 여기게 되고 사용하지 않는 물건을 줄일 수 있다.

그녀는 물건을 사용할 때마다 사용하도록 허락해준 것에 대해 고마움을 표시한다. 또 사용한 후에는 깨끗이 닦아서 원래의 자리로 돌려놓는 것도 잊지 않는다. 물건을 쓰고 아무데나 두는 대신 이렇게 물건마다 각각의 자리를 정해놓으면, 정리할 때 망설이지 않고 잘 보관할 수 있다. 물건에 고마움을 표시하면서 갖고 있는 물건을 오래 사용하기 위한 방법이다.

"사용하지 않는 물건은 다른 사람이 유용하게 사용할 수 있도록 처분해요. 물론 허전한 마음도 있지만 물건의 행복을 생각하면 쓰지도 않으면서 내 마음대로 방치해놓는 건 이기적이라고 느껴지거든요. 그래서 필요한 사람이 있는지 수소문해서, 그 물건이 제대로 쓰이도록 하고 있어요. 이런 식으로 정리해가면 물건이 늘어나지 않고 정리하는 일도 즐거워져요."

침실 옆에 있는 작업 공간은 벽을 비롯한 수납가구들을 흰색으로 통일하고 빨간색과 검은색 의자로 포인트를 주었다. 서류함도 흰색으로 통일했다.

집 전체를 하나의 통일감으로

사카구치 씨가 생각하는 정리의 기본은 통일감이다. 그녀는 집을 꾸밀 때 흰색을 기본 색조로 삼아 집 전체의 분위기를 통일했다. 그중에서도 마음에 드는 것은 거실에 있는 소파다. 집을 지을 때 같이 샀는데, 가족들도 이 소파를 무척이나 마음에 들어 한다. 원래 2~3인용인 소파에 네 식구가 함께 앉으려니 꽉 끼어 비좁을 때도 있지만, 가족들 모두 거실에 모여 함께 시간을 보내는 것을 좋아한다.

"너무 애용한 탓인지 최근에 소파가 결국은 삐거덕거리기 시작했어요. 무늬를 이루고 있는 단추가 떨어져 너덜너덜해요. 하지만 이 소파를 산 결정적인 이유가 수리받을 수 있다는 점이었어요. 물론 검은 가죽에 나무 뼈대 부분으로 이루어진 소파가 집 분위기와 잘 어울렸던 까닭도 있지만요. 모처럼 가족의 일원이 되었으니 그리 쉽게 버릴 수는 없어요. 그런데 수리를 맡기려고 했더니 글쎄 수리비가 수십만 원이나 하지 뭐예요? 고민에 고민을 거듭하다가 결국 수리를 받기로 했어요. 다른 가구들도 이 소파를 기준으로 골랐기 때문에 이걸 바꾸면 전체적으로 조화가 맞질 않거든요."

그 밖에도 집 안 여러 곳에 통일감을 주고 있다. 예를 들어 세면대 가까이에 놓인 세탁 세제는 모두 투명한 용기에 담아두었다. 그녀는 강렬한 색조를 별로 좋아하지 않는데, 세제 용기는 여러 가지 색으로 알록달록한 데다 크기도 제각각이다. 그래서 똑같은 용기에 넣어 통일감

침실은 편안히 잠잘 수 있도록 침구 이외의 물건을 최소한으로 줄였다.

을 주고 전체 분위기에도 맞추어 세제 용기까지도 인테리어의 일부가 되도록 했다. 타월도 무인양품에서 같은 색의 제품으로 구매했다. 그 외에 식기, 서류 보관꽂이 등 작은 소품들도 색과 디자인을 맞추어 통일감을 주었다.

사카구치 씨는 각각의 방 안에서만 통일감을 주는 것은 별 의미가 없다고 강조한다. 집 안의 모든 장소는 연결되어 있기 때문이다. 집 전체가 하나의 통일감을 지니고 있어야 비로소 제대로 정돈된 집이라는 게 그녀의 생각이다.

미니멀리스트로 살아가는 그녀의 모습은 아이들에게도 그대로 이어지고 있다. 특히 아들이 그녀의 영향을 많이 받았다. 언젠가는 아들이 초등학교 때 그린 그림들을 정리하면서, 마음에 드는 그림 한 장만 액자에 넣어 장식하고 나머지는 다 버렸다고 한다. 추억은 남겨두고 싶지만 한 장만 있으면 충분하다면서. 반면 딸은 추억을 오래 간직하고 싶다며 그림을 전부 보관하는 쪽을 택했다.

"딸아이는 저를 닮아서인지 청소하기를 좋아해요. 테이프 클리너를 들고 이곳저곳 다니며 자기 방뿐 아니라 오빠의 방까지 곧잘 치워요. 카펫을 청소하면서 '더러워!' 하고 질색하긴 하지만요. 이런 상태라면 언제까지나 방이 깨끗이 정돈되어 있을 거예요."

사카구치 씨는 아이들이 어떤 일이든 스스로 결정해나가기를 바란다. 나중에 아이들이 독립해서 혼자 살게 되었을 때 방을 정리하지 않고 지저분하게 해놓고 산다고 해도 상관없다. 다만 어떻게 살아야 할지를 스스로 결정하고 자신만의 기준을 갖춰 당당하게 살아가기를 바랄 뿐이다.

SIMPLE ROOM 07

이노우에
회사원

가능한 한 물건이 보이지 않도록 꾸민 방. 보이는
물건들은 색감을 자제해 심플함을 강조했다.

깨끗하지만
불편하지 않은 생활

"아무것도 없지만 근사한 방에서 살아갑니다"

이노우에井上

무역회사에 근무하는 직장인. 대학생 시절 여러 번 이사를 거듭하며 서서히 미니멀리스트가 되었다. 깨끗하게 정돈되어 있지만 생활에 불편함이 없는 공간이 이상적으로 생각하는 방이다. 미니멀 라이프를 시작한 후로 아무것도 없지만 근사한 방을 만들기 위해, 그동안 갈고닦은 인테리어 감각을 발휘하고 있다.

문득 깨닫고 보니 미니멀리스트였다

"딱히 미니멀리스트라고 불리는 생활을 하게 된 계기가 있었다기보다는 '어느새 그렇게 되었다'는 표현이 맞을 것 같아요."

이노우에 씨는 차분한 목소리로 지금의 생활을 시작하게 된 이유를 들려주었다.

어릴 적 그는 놀고 나면 장난감을 바로 정리하는 게 당연하다고 여기는 아이였다. 그때도 정리하는 게 그리 싫지는 않았다고 한다. 만화책이나 프라모델(플라스틱으로 된 조립식 모형 장난감-옮긴이)을 좋아하던 시절이 있었는데, 그때도 물건들을 가지런히 선반에 정리해두곤 했다.

"형과 저는 만화책을 좋아해서 집에 만화책이 무척 많았어요. 하지만 둘이 나눠 갖고 있었기 때문에, 방이 그다지 어지럽혀져 있지는 않았어요."

그래도 굳이 변화의 시기를 꼽자면 중학생 시절이다. 그 무렵 인테리어에 관심을 두게 된 것이 생활을 바꾸는 계기가 되었다. 이노우에 씨는 중학생 때 부모님이 사놓은 인테리어 잡지들을 탐독하면서, 거기에 실린 멋진 가구 사진을 보며 감탄하곤 했다. 자신의 방에 그 가구들을 들여놓은 장면을 상상하며, '언젠가는 꼭 이런 가구들로 방을 꾸미고 살아야지'라고 마음먹기도 했다. 또 근사한 가구에 어울리는 깨끗한 방을 만들기 위해 전보다 더 깔끔하게 방 정리를 했다.

"본가에서 살 때도 짐이 많지 않은 데다 치우는 걸 좋아했기 때문에 정리가 그다지 힘들지 않았어요. 그 무렵부터 청소나 정리를 좋아했던 게 아닐까 생각합니다. 방에 쓰레기가 쌓이지 않도록 정기적으로 대청소해서 필요 없는 물건을 버리곤 했거든요. 방이 깨끗해지는 걸 보면 기분이 아주 좋았어요. 그 때부터 미니멀리스트로서의 가능성이 있었는지도 모르겠네요."

대학교에 입학하면서 본가에서 나와 처음으로 혼자 살기 시작했다. 가족과 함께 살 때는 가구나 물건을 마음대로 고를 수 없었는데, 비로소 자신의 취향대로 원하는 물건을 골라 살 수 있다는 사실에 무척 기뻤던 기억이 있다. 혼자 살 때도 청소가 취미라도 되는 양 열심히 방을 치우고 정리했다. 그리고 그때 산 가구들은 시간이 지나면서 조금씩 버리게 되었다.

대학 시절에 오토바이로 통학했던 그는, '더 좋은 방'을 찾고 싶어서 통학 가능한 범위 안에서 여러 번 이사를 했다. 혼자 사는 일이 처음인 데다 경험이 없어서 적당한 방을 구하는 데 시행착오가 많았다고 한다.

처음 살았던 방은 벽에 단열 시공이 제대로 되어 있지 않아서 여름에는 너무 덥고 겨울에는 너무 추웠다. 그래서 어떻게든 쾌적한 환경으로 옮기고 싶다는 생각에 집을 옮기기로 했다. 그 후로 여러 번 이사를 거듭하면서 이사하는 게 취미처럼 되어버렸다. 자기가 좋아하는 여러 장소에서 살아볼 수 있고 기분 전환도 되었기 때문이다.

"이사는 가벼운 마음으로 했지만 앞으로 살게 될 방만큼은 까다롭게 골랐어요. 특히 가구를 새로 사지 않아도 되게끔 부엌 설비가 제대로 갖춰져 있는 집을 찾았습니다. 냉장고와 세탁기 등 생활에 필요한 가전제품이나 기본적인 가구가 설치되어 있는 집이라면 더욱 안성맞춤이었죠."

그렇게 여러 번 이사를 하는 동안 가구 같은 큰 짐은 차츰 버리게 되었다. 처음 혼자 살 때는 고타쓰와 테이블, 수납가구 등을 대부분 갖고 있었다. 하지만 첫 번째 이사할 때 고타쓰와 침대를 버리고, 다음에는 테이블과 수납가구를 전부 처분했다. 심플하고 물건이 없어도 아름다운 방에 살고 싶다고 생각한 후로는, 가구가 없어도 방이 잘 정돈되어 있는 데다 생활하기에도 불편하지 않았기 때문이다.

이노우에 씨는 이사야말로 물건을 정리할 수 있는 좋은 기회라고 말한다. 이삿짐을 싸면서 자신이 물건을 얼마나 갖고 있는지 정확히 파악할 수 있기 때문에, 새 집에 필요 없는 물건을 골라서 버릴 수 있다. 실제로 그가 이사하면서 버린 물건 중에는 아르바이트해서 모은 돈으로 산 소중한 가구도 몇 가지 있었다. 하지만 차츰 '필요해지면 다시 사면 되지!'라고 편하게 마음먹었다.

"아깝다고 갖고 있기보다는 이사할 때 편한 쪽이 좋더라고요. 심지어는 고등학교 시절에 그렇게나 소중히 여기던 침대와 책상 같은 가구들마저 더 이상 크게 마음을 잡아끌지 않아서 희한하게도 버리는 데 후회는 없었습니다. 이때 이미 미니멀리스트로서 깨달음을 얻었던 거죠. 전 가구는 원래 설치되어 있는 게 있으면 그걸로 충분히 생활할 수 있고, 옷도 갖고 있는 최소한의 수량으로 맞춰 입기만 해도 멋을 낼 수 있다고 생각해요."

대학교를 졸업할 무렵에는 이미 지금과 비슷한 정도의 물건만 갖게 되었다. 그 후에는 물건이 늘어나고 줄어들기를 반복하면서 45리터짜리 여행용 가방 하나와 평소 사용하는 소지품을 넣는 배낭 하나만으로도 충분히 이사할 수 있을 만큼 소유물이 줄었다.

"지금도 또 이사하고 싶은 마음이 강하기 때문에, 이 정도가 딱 적당한 양이라고 생각해요. 소유한 물건이 적다 보니 새로 물건을 살 때 더 신중하게 고르게 되더군요. 학생 시절 지녔던 가구에 대한 열정이, 지금은 제가 소유한 모든 물건을 향해 있어요. 이런 무결점에 가까운 순수한 애정을 모든 물건에 쏟을 수 있다는 사실이 대단하다는 생각이 들 정도예요(웃음)."

휴일은 온전히 나를 위한 시간으로

이노우에 씨는 미니멀리스트는 휴일을 어떻게 보내느냐는 질문을 자주 받는다. 아무것도 없는 방에서 어떻게 시간을 보내는지 궁금해하는 것이다.

그는 출근하지 않는 날은 주로 공부를 한다. 방 안에 마음을 빼앗는 물건이 없어서 느긋하게 공부에 몰두할 수 있다. 물론 이때도 방을 어

미니멀 라이프에 눈뜬 학생 시절부터 쓰는 책상. 노트북과 데스크 램프를 두고, 구석에는 물건을 줄이는 과정에서 살아남은 모형 인형들을 전시해두었다.

지럽히지 않는 그만의 요령이 있다. 종이와 펜을 이용하는 대신 컴퓨터 화면이나 책을 읽으며 공부하는 것이다. 이렇게 하면 자료를 늘어놓는 일도 없을뿐더러 집이 아닌 전철 안이나 카페 등 장소에 구애받지 않고 바로 공부를 시작할 수 있다.

만약 책상 위에 자료를 늘어놓고 종이와 펜을 사용해 공부하면 나중에 치우기가 귀찮아져서 대강 책상 위에 모아놓고 다 치웠다고 착각하거나, 펜이나 종이가 없다는 이유로 공부하기 싫어지기도 한다. 반면에

읽으면서 하는 공부는 어디서든 시작할 수 있고, 침대에 누워서도 할 수 있으니 책상도 필요 없다.

물건에 들이는 쓸데없는 시간과 수고가 줄어들면 취미에도 더 열중할 수 있다. 그는 많은 물건들을 버렸지만 아무래도 전기기타만은 버릴 수가 없었다. 아마추어 정도의 실력에 불과하지만, 기타 치는 것이 무척 즐거운 데다 인생을 풍요롭게 해준다고 생각하기 때문이다.

"자신을 희생하면서까지 심플한 방에 살고 싶은 것도 아니고, 음악을 좋아하니까 기타는 제게 꼭 필요한 물건이에요. 당연히 버릴 이유가 없죠. 물론 앰프와 이펙터effector(영상이나 음성 신호 등을 전기 신호로 바꿔 다양한 효과를 연출하는 장치-옮긴이) 등의 주변기기는 얼마 전에 버렸지만요. 컴퓨터 애플리케이션을 샀더니 이펙터가 필요 없어져서 앰프와 함께 버렸습니다. 기타 한 대만 있으면 컴퓨터에 바로 꽂아 헤드폰을 사용하면 되거든요. 컴퓨터는 없으면 불편하기도 하고 일할 때도 사용하는 중요한 물건이지만 설사 도둑맞는다 해도 '안타깝네' 정도로 그칠 것 같아요. 하지만 기타는 그보다 훨씬 소중한 물건이라는 사실을 새삼 확인했답니다."

그는 만화책도 좋아하지만 전부 컴퓨터에 저장해놓고 방에는 두지 않는다. 표지가 너무 화려해서 지금 사는 심플한 방에는 어울리지 않기 때문이다. 그래서 컴퓨터에 보관하는 방법을 택했다.

예전에는 PC를 듀얼 모니터로 사용했다. 그리고 그 주변에는 편리하다고 생각해서 산 여러 가지 물품들이 놓여 있었다.

취미로 치는 기타도, 앰프와 이펙터는 PC로 대체하는 것이 미니멀리스트의 방식이다.

깨끗하면서도 불편하지 않게

이노우에 씨는 중학생 시절부터 인테리어에 관심이 많았다. 처음에는 멋진 가구들과 화려한 잡화로 방을 장식해서 잡지에 실린 방처럼 꾸미는 것이 목표였다. 그래서 몇십만 원이나 하는 침대와 앤티크 테이블 등 마음에 드는 것이 생기면 무조건 저금한 돈을 털어서 사들였다. 그런데 자주 이사하게 되면서부터는 그 물건들이 방해가 되었다. 그는 조금이라도 더 가볍고 손쉽게 짐을 꾸리고 싶어서 많은 가구들을 버렸다.

불필요한 물건을 갖지 않게 되고부터는 인테리어에 대한 관심이 가구에서 방 전체의 레이아웃으로 바뀌었다. 되도록 보이는 물건을 줄이고 싶지만 생활에 필요한 최소한의 물품은 있어야 하기 때문에, 모든 물건을 인테리어의 일부로 여기기로 생각을 바꾼 것이다.

"속옷처럼 매일 사용하는 물건은 꺼내기 쉬운 곳에 보관하고 싶은데, 그러려면 잘 보이는 곳이나 서랍을 열었을 때 바로 손이 닿는 곳에 두어야 하니 보기에 그리 좋지는 않잖아요. 그래서 고민 끝에 여행용 가방 속에 넣어 침대 아래에 두기로 했습니다. 서랍장에서 꺼내는 거나 여행용 가방에서 꺼내는 거나 걸리는 시간은 비슷하니까 깔끔해 보이는 쪽을 선택한 거죠. 방이 아무리 깨끗해도 불편해서는 안 되니까요. 깨끗하면서도 불편하지 않게, 그 양립이 어려웠습니다."

그는 지금 지붕 밑 다락방에 살고 있다. 세로로 긴 작은 창을 통해 바깥 풍경이 내다보이는 아담한 공간이다. 이곳이 그에겐 더 이상 좋을

옷은 색감과 무늬를 맞추어 방 안의 분위기를 흩뜨리지 않도록 했다. 옷걸이도 옷에 맞추어 흰색의 심플한 디자인으로 샀다.

의류는 항상 같은 것을 사기 때문에 유행이나 시대에 상관없이 꾸준히 사랑받는 디자인을 고른다.

옷을 걸 때는 색감과 길이 등을 고려해서 건다. 색을 맞추어 걸어두기만 해도 멋져 보인다.

수 없는 완성형의 방이라고 한다. 침대와 옷이 전부인 매우 심플한 공간으로 수납가구도 없다. 옷은 색상을 맞춰 '정리한다'기보다 '장식한다'는 생각으로 옷걸이에 걸어둔다.

이곳으로 이사한 후에는 방에 어떻게 둘 것인지를 충분히 고려해 물건을 구매하고 있다. 하지만 기본적으로 지금 가진 것 외에 무언가 더 들여놓고 싶지는 않다고 한다.

"요즘에는 물건을 사러 가는 일이 거의 없어요. 새로 사고 싶은 물건도 전혀 없고요. '물욕'이 전혀 없다고는 생각하지 않지만, 대체로 없는 편에 가까운 것 같기는 해요. 갖고 싶은 물건이라고 해봤자, 지갑이나 휴대폰 등 지금 지닌 물건을 새로 장만하고 싶은 정도예요. 지금 가진 물건들로도 충분하거든요."

그는 정리하기를 좋아해야만 방이 깨끗해진다고 강조한다. 청소는 귀찮아하면서 깨끗한 방에 살고 싶어하는 건 있을 수 없는 일이다. '정리와 청소는 꼭 해야만 하는 일'이라고 의무처럼 여기면 부담되지만, 생각을 바꿔 마치 놀이동산의 어트랙션(테마별로 다양한 영상 재현이나 시뮬레이션 등을 제시해, 관람객이 보고 체험하며 즐길 수 있는 공간-옮긴이)처럼 그 일에서 '즐거움'을 발견한다면 어느새 정리가 좋아진다. 물론 그 즐거움을 찾을 때까지는 인내가 필요하다.

"저는 청소가 취미이다보니 친한 친구의 아파트로 이사해서 함께 살 때는 한 달에 한 번 정도 친구의 방을 대신 청소해주기도 했어요. 제 방은 너무 잘 정돈되어 있어서 치워도 청소한 보람이 없지만, 친구 방은 늘 지저분해서 깨끗이 치우고 나면 스트레스가 풀리고 기분전환이 되더라고요."

하지만 몇 번이나 청소를 해도 친구의 방은 늘 다시 더러워지곤 했다. 정리하면서 많은 물건들을 버리는데도, 며칠이 지나면 또다시 새로운 물건으로 넘쳐났기 때문이다. 그런 경험을 통해서 물건에 대한 그의 생각이 점차 확고해졌다.

"우리가 사는 이 세상은 물건들로 넘쳐나고 있어요. 더 많은 물건들을 갖는 것과 최소한의 물건만으로 살아가는 것 중에서 어느 쪽을 택할지는 자신에게 달린 문제죠. 하지만 저는 아무것도 없는 쪽을 선택하는 편이 물건에 지배당하지 않고 마음 편한 나날을 보낼 수 있다고 생각해요. 제가 미니멀리스트로 살아가는 이유도 여기에 있습니다."

SIMPLE ROOM 08

아키
회사원, 주부

거실은 약 5평(16.2㎡)이다. 벽을 흰색으로 칠하고 가구를 어두운 밤색 계열로 통일해서 편안함이 느껴진다.

세상에서 가장
안락한 우리 집

"신중하게 고른 물건들로
작은 집을 최대한 즐기며 산다"

아키 | Aki

남편, 세 살짜리 아들과 함께 작은 집에 살고 있다. 어릴 적 독일을 비롯한 유럽에서 살았던 경험을 바탕으로 미니멀 라이프를 실천하고 있다. 세 식구가 살기에는 다소 좁은 방 하나에 거실과 식당 겸 부엌이 있는 아파트를 효율적으로 활용하며 살아간다. '작은 집이 좋다'고 당당하게 말하는 그녀는 물건뿐 아니라 시간에도 정리 기술을 발휘하는 열혈 워킹맘이다. 'Living Small(http://livingsmall.blog.fc2.com)'이라는 블로그를 운영 중이다.

독일에서 만난 미니멀 라이프

아키 씨는 아버지의 일 때문에 세 살 때부터 열한 살 때까지 독일을 비롯한 유럽 여러 곳에서 살았다. 그리고 이런 해외 생활의 경험을 바탕으로 자연스럽게 미니멀한 생활을 추구하게 되었다.

특히 독일에 살 때 가구를 비롯해 질이 좋은 물건을 신중하게 사서 오래도록 소중히 사용하는 문화를 배웠다. 독일인들은 한번 집에 들여놓은 물건은 잘 관리하고 고쳐가며 오랫동안 사용하는 것을 당연하게 여긴다. 일본처럼 물건의 유행도 없는 편이다. 요리도 삶은 감자나 햄, 치즈 등으로 매우 간단하다. 그래서 일식부터 중화요리, 이탈리아 요리 등 세계 각국의 요리를 일상적으로 만드는 일본과는 달리 조리도구도 장식적인 것보다는 기능미를 추구한다.

"저는 어릴 때부터 이사를 많이 했어요. 해외에 살 때는 넓은 아파트에서 살기도 했고, 그 후에는 단독주택부터 비좁은 원룸까지 다양한 집에서 살았죠. 그러다 보니 이사할 때 2~3일간 준비를 마치고 이사 당일에 모든 물건이 제자리에 놓일 수 있게끔 간편하게 살고 싶다는 생각을 갖게 되었어요. 그때부터 가진 물건을 모두 파악한 후 필요 이상 소유하지 않는 습관이 몸에 밴 거죠."

지금 사는 집은 방 하나에 거실, 그리고 식당 겸 부엌이 있는 아파트다. 집을 사고 난 직후 아기가 생긴 것을 알고는 '조금 더 넓은 집으로 갈 걸' 하고 약간 후회하기도 했지만, 지금은 아담한 이 집을 좋아한다.

집이 작아서 청소도 순식간에 해치울 수 있고, 수납공간이 한정되어 있어서 물건이 늘어나지 않으니 관리하기도 편하다. 또 아들이 태어난 후에는 집이 작아서 언제나 아이에게 시선을 둘 수 있는 장점이 있다는 것도 알게 되었다. 남편과도 "집은 어디에 있든 가족들의 기분을 살필 수 있는 정도의 크기가 좋지"라는 이야기를 나눈다고 한다.

큰 집이 필요한 시기란 사실 인생을 살면서 그리 길지 않다는 게 그녀의 생각이다. 아이 방이 필요해지는 초등학교 고학년쯤부터 대학교를 졸업할 때까지 십몇 년 정도가 고작이다. 또 큰 집은 막상 팔려고 내놓아도 좀처럼 팔리지 않는 경우도 많아서 자신의 미래를 옭아매는 방해물이 될 때도 있다.

"사람마다 인생 설계가 다르겠지만, 저희는 남편이 자영업을 하는데다 제가 해외 근무를 나갈 수도 있는 상황이거든요. 만약 그런 기회가 온다면 사는 집에 얽매이지 않고 도전하고 싶어요. 그래서 지금은 이 정도 규모의 집이 적당한 것 같아요. 물론 아들이 학교에 다니게 되면 통학 문제라든가 여러 가지 생각해봐야 할 것들이 있겠지만요. 필요한 경우에는 아이가 중학생이 되기 전에 큰 집으로 이사했다가 독립하면 다시 이곳으로 돌아와도 좋고요. 어쨌든 지금은 이 집에 만족하고 있어요. 집은 작은 편이 미래의 자신을 자유롭게 하는 일이라고 생각하거든요. 무엇보다 마음이 편하기도 하고요."

부엌은 사용한 후에 탄산소다가 배합된 알칼리성 전해수인 세스키 용액으로 한번 싹 닦아낸다. 때가 찌들지 않게 바로 닦아내면 그것으로 청소는 끝이다.

철제 선반 안에 가지런히 놓은 함석 상자에는 저장용 식품 등을 보관한다.

수세미 받침대는 없앴다. 호주 친환경 클리닝 브랜드인 '머치슨 흄murchison-hume' 제품을 사용한다.

거실 수납장은 항상 깔끔한 상태를 유지할 수 있도록 며칠 또는 몇 개월 단위로, 사용하는 빈도에 따라 서류를 분류해서 정리한다.

욕실 옆의 수납공간에는 수건과 속옷 등을 수납한다. 이케아의 바리에라 상자를 여러 개 구입해 그 안에 속옷을 넣으면 깔끔해 보인다.

비싸더라도 정말로 좋아하는 물건을 산다

아키 씨는 완벽주의에 고집스러운 면도 있어서 대충 적당히 하지를 못하는 성격이다. 그래서 물건이 많으면 정리나 손질 등 '해야 할 일'이 많아져서 여유를 잃곤 한다. 그녀가 가능하면 적은 물건으로 살려고 하는 이유다.

"심플하고 보편적인 물건을, 스스로 관리할 수 있을 정도만 갖고 있으면 그런 고민에서 벗어날 수 있다고 생각해요. 가령 책상 위에 아무것도 없으면 아이가 만져서 안 되는 물건을 가지고 장난칠 일이 없잖아요? 장난감도 조금만 갖고 있으면 5분 만에 후딱 정리할 수 있고요. 이런 식으로 조바심이 나는 원인을 없애면 마음이 편해져서 가족들에게도 상냥하게 대하게 되는 것 같아요. 이게 바로 완벽주의자이면서 포용력은 부족한 제가 자신과 마주하는 방법이에요. 내 몸과 마음이 편해지는 방법인 거죠."

어떤 물건을 줄여야 한다고 생각하면 정리는 고통이 된다. 그래서 그녀는 '집에 들이는 물건'을 최대한 심사숙고해서 고르고 있다.

물건을 살 때는 자신이 정한 금액의 한도 안에서 가장 좋은 것을 산다. 가격이 다소 비싸더라도 정말로 원한다면 망설이지 않는다.

그녀는 이것을 '줄이기 위해서 사는' 것이라고 표현한다. 역설적이지만 이 방법이 물건을 줄이는 데 가장 효과적이라고 한다.

"그런 생각을 하게 된 계기는 이십 대에 산 에르메스 지갑이었어요. 그때까지는 새 지갑을 사고도 금세 '다음번엔 어떤 걸 살까'를 고민했거든요. 그런데 줄곧 갖고 싶었던 지갑을 손에 넣으니 '이제 지갑은 이거 하나면 충분해'라는 생각이 들더라고요. 정말로 갖고 싶은 물건을 사지 않고 손쉽게 구할 수 있는 물건으로 마구 사 버릇한다면 절대 물욕은 사그라지지 않는다는 걸 알게 되었죠."

이런 원칙에 따라 사들인 제품들은 모두 소중한 물건이 되었다. 신혼여행 기념으로 이탈리아에서 산 캐시미어 코트, 결혼 축하 선물로 받은 프랑스 주방용품 크리스텔CRISTEL의 스테인리스 냄비, 조금씩 사 모은 이탈리아산 리처드 지노리Richard Ginori 식기나 덴마크산 로열 코펜하겐Royal Copenhagen 식기 등이 그렇다.

집 안에 자신이 정말로 좋아하는 물건이 늘어나면 반대로 불필요한 것이 무엇인지 확실히 알 수 있다. 도저히 버릴 수 없는 물건이야말로 정말로 소중하다는 걸 깨닫게 되는 것이다.

예쁜 그릇을 계속 사고 싶다든지 옷만은 절대 버릴 수 없다는 식으로 소중한 물건은 사람마다 다르다. 특히 남자들은 추억을 소중하게 여기는 경향이 있다. 그녀의 남편은 학생 시절 동아리에서 발간한 계간지나 중학교 시절 시험 치를 때 머리에 둘렀던 띠를 아직도 소중하게 간직하고 있다. 이렇게 '자신에게 소중한 물건은 버리지 않아도 좋다'는 가치 기준은, 그녀처럼 자격증을 갖고 있는 정리 전문가들의 사고방식이기도 하다.

"정리 전문가들이 물건을 선별할 때의 기준이 있어요. 보통 가로축과 세로축으로 나누어 구분하는데, 가로축은 '좋아하는가, 싫어하는가'를, 세로축은 '필요한가, 불필요한가'를 나타냅니다. 이 기준에 따라 어떤 물건이 '불필요'하더라도 '좋아'한다면 사는 사람도 당연히 있어요. 그런 경우에도 사람마다 좋아하는 것은 다 다르니까 그 사람의 의사를 존중합니다. 저는 이런 포용력 있는 사고방식이 마음에 들어요. 그래서 집에서도 남편과 아들의 개성을 무시하지 않고 저 혼자만이 아니라 가족 모두가 쾌적하게 느낄 수 있는 집을 만들려고 노력하고 있어요."

물건을 줄이기 위해 수납의 상한선을 정해두는 방법도 효과적이다. 아키 씨는 집에 꼭 필요하다고 생각되는 거실 수납장은 설치했지만, 붙박이장 이외에 수납가구는 두지 않기로 정했다.

집이란 원래 거주공간과 수납공간의 균형을 맞춰 설계한다. 그런데 사람이 편안히 쉬는 장소이어야 하는 집에 물건들이 넘쳐나서 정작 생활이 불편해지는 본말전도 현상이 나타나기도 한다. 한정된 수납공간을 생각하지 않고 계속 물건을 늘리기 때문이다. 그녀는 집이란 무엇보다 편히 쉴 수 있는 안락한 공간이어야 한다고 생각한다. 그래서 정해진 수납공간에서 넘치는 물건은 깨끗이 처분한다.

한편으로 '필요한 물건은 모두 소유해야 한다'는 사고방식에서 벗어나 적극적으로 외부 물건을 활용하기도 한다. 예를 들어 집에 두는 아들의 장난감은 작고 소박한 것으로 구입하고, 부피가 크거나 소리가 나는 비싼 장난감은 어린이집이나 외출한 곳의 놀이방에서 가지고 노는 것으로 정해놓는 식이다. 책도 도서관을 이용하면 따로 보관장소가 필요하지 않고 돈을 아낄 수 있다. 요즘에는 인터넷으로 검색하고 예약도 가능해서 매우 편리하다. 그녀는 이런 식으로 작은 집이라는 제한된 공간에 맞춰 충분히 편안한 삶을 즐기고 있다.

어두운 밤색 테이블과 북유럽 스타일의 심플한 의자가 잘 어울린다.

효율적으로 시간을 사용하는 생활

아키 씨는 미니멀리즘을 실천할 때 물건을 정리하는 것만큼이나 시간 정리도 중요하다고 강조한다. 그녀는 집과 회사에서 풀타임으로 일해야 하는 워킹맘이기 때문에, 시간을 효율적으로 사용하기 위해 늘 애쓰고 있다.

집안일은 대부분 아침에 집중해서 처리한다. 아침에 일어나면 우선

5분간 방을 정리하고, 서둘러 출근 준비를 마친 후 식구들이 일어날 때까지 한 시간 동안 아침 식사를 준비한다. 이때 저녁 식사 재료도 함께 챙겨놓는다. 아침에는 여러 가지 재료를 듬뿍 넣은 수프에 빵이나 오니기리를 먹고, 거기에 요구르트나 과일을 곁들인다. 이렇게 메뉴를 몇 가지로 정해놓으면 바쁜 아침에도 고민하지 않고 착착 준비할 수 있어 편하다.

아침 식사뿐 아니라 다른 것들도 마찬가지다. 일할 때 입는 옷은 단순한 디자인의 티셔츠나 블라우스에 재킷으로 정해두었더니, 오늘은 어떤 옷을 입을까 고민할 필요가 없어졌다. 또 자주 먹는 샐러드드레싱도 간편하게 올리브오일과 소금으로 만들고 있다. 아키 씨는 만약 물건이 너무 많아서 버겁게 느껴진다면, 이렇게 생활을 조금씩 단순하게 바꿔보는 것도 좋다고 말한다.

퇴근 후에는 어린이집으로 아들을 데리러 간다. 저녁 식사는 아침에 미리 준비해놓기 때문에 잘라둔 채소를 볶고 생선을 굽는 정도로 간단하게 해서 먹는다. 아들을 재운 후에는 책을 읽거나 남편과 텔레비전을 보면서 여유로운 시간을 보낸다. 아침에 집안일을 모두 끝내두었기 때문에 저녁 시간이 한층 여유롭다.

그녀는 밖에서 지친 마음과 머리를 리셋하기 위해서는 반드시 휴식 시간이 필요하다고 생각한다. 그래서 저녁에 편하게 쉴 수 있는 시간을 확보하려고 애쓰고 있다. 청소는 모두 집을 비운 사이에 로봇 청소기가 대신해준다. 신혼 때는 남편과 가사를 분담해서 하기도 했지만, 둘 다 쉴 수 있도록 기계에 맡기기로 생각을 바꿨다.

"비즈니스 세계에서는 기계화나 외부 위탁 방식이 당연하게 여겨지 잖아요. 그런데 집안일에 관해서는 아직도 스스로 해야만 한다는 생각이 지배적인 것 같아요. 기계나 남에게 맡기는 걸 꺼림칙해 하거나 죄책감을 느끼기도 하고요. 하지만 하루는 24시간뿐이고, 자신에게 가장 소중한 일, 중요한 일에 한정된 시간을 할애하는 게 현명하지 않을까요? 저와 남편은 집에 있을 때는 아이와 함께 놀아주는 게 가장 중요하다고 생각해요. 그래서 아이와 더 많은 시간을 보내기 위해 집안일 하는 시간을 최대한 줄이기로 한 거죠."

집안일에 드는 시간을 줄이기 위해서는 가족들이 쉽게 정리정돈에 참여하는 방법을 마련하는 것도 중요하다.

"방 정리 좀 해!" 하고 말로 하는 편이 간편할지도 모르지만, 그보다는 '어떻게 바꾸면 가족들이 스스로 정리할 수 있을까?' 하고 머리를 짜내보는 거죠. 그렇게 하면 잔소리하지 않아도 서로 좋은 기분으로 움직이게 되거든요."

그녀는 아이의 장난감 수납 상자에 사진으로 된 라벨을 붙여두었다. 아이가 원하는 장난감을 꺼내 놀기에도 쉽고, 놀고 난 후 스스로 정리할 수 있도록 하기 위해서다. 또 욕실 옆의 수납공간은 수건과 속옷 등을 넣어두는 장소로 정하고, 남편에게는 사용하기에 편한 허리 높이의 선반을 전용 수납공간으로 정해주기도 했다.

이렇게 가족 누구나 알 수 있도록 단순하게 물건을 배치하면 누가 해도 같은 결과가 나오기 때문에 정리에 효과적이다. 직장의 업무 프로세스 개선 작업을 집안일에 응용한 셈이다.

아키 씨가 생각하는 집이란 쓸데없는 물건 없이, 기능적이면서도 안락한 인테리어로 일에서 받는 스트레스를 말끔히 날려주는 곳이다. 그런 의미에서 안락한 느낌으로 편히 쉴 수 있는 호텔 방 같은 곳이 그녀가 꿈꾸는 이상적 공간이다.

"미니멀한 생활을 추구하기는 하지만, 텅 빈 방에 살고 싶지는 않아요. 그래서 집에 관엽식물이나 사진도 장식해놓고, 가구도 어두운 밤색으로 맞춰서 안락한 공간을 만드는 데 초점을 두었어요. 우리 집이 세상에서 가장 편안한 곳이었으면 하는 게 제 바람이에요."

SIMPLE ROOM 09

모리타 사토시
회사원

콘크리트의 질감이 살아 있는, 최소한의 물건만을 둔 거실.

쓸모없는 물건은
하나도 없는 심플한 방

"불필요한 것들을 치우고
지금의 생활에 집중한다"

모리타 사토시 モリタ サトシ

열여덟 살부터 패션업계에서 일하기를 꿈꾸다 대학교 졸업 후 패션 브랜드 위고(WEGO)에 입사했다. 일 년 전 매장 판매직에서 기획 및 구매 담당으로 업무가 바뀐 후, '가능한 한 최소한의 필요'를 콘셉트로 해서 방을 새롭게 꾸몄다. 추억이 깃든 물건들을 소중히 보관하면서 자신만의 방식으로 심플한 생활을 꾸려나가려고 노력 중이다.

최소한의 물건으로 살아가다

모리타 사토시 씨가 지금 사는 방을 새롭게 배치한 것은 약 일 년 전이다. 당시에는 방에 텔레비전과 침대가 있었는데, 그 물건들만으로도 약 3.4평(11.34㎡)의 방이 꽉 찼기 때문에 모두 처분했다. 텔레비전은 직장 상사의 결혼 축하 선물로 주고, 침대와 선반, 그리고 장식용 잡화 대부분은 필요한 지인들에게 나눠주었다.

당시 그의 방은 고등학생 시절 수첩에 그려두었던, 이상적 방의 모습이었다. 고등학생들이 흔히 그렇듯, 그도 혼자 사는 생활을 동경했다. 언젠가 독립할 날을 꿈꾸며, '침대는 여기에, 텔레비전과 소파는 저기에' 해가면서 혼자 상상의 나래를 펴기도 했다. 그래서 독립을 하고 그토록 원하던 방에 살게 되었을 때는 꿈이라고 할 정도는 아니지만 하나의 이상은 이루었다고 생각했다. 그런데 뒤돌아보니 좋아하는 물건으로 가득 채운 그 방은 결국 자기만족에 지나지 않았다. 그래서 이제 물건들을 정리하고 한층 더 기분 좋은 단계로 넘어가야겠다고 결심했다.

"마침 그 무렵에 매장 판매직에서 기획과 구매 담당으로 업무가 바뀌었어요. 마음을 새롭게 다잡고 싶었습니다. 자연스럽게 모든 것을 바꾸고 새로운 일에 매진해보자고 마음먹게 되었죠."

지금 사는 방은 '가능한 한 최소한의 필요'를 콘셉트로 해서, 콘크리트 벽을 활용한 공간을 만드는 데 신경을 썼다. 그는 고등학생 때부터

콘크리트 질감을 살린 벽이 있는 집에 살고 싶었다. 당시 인테리어 교과서로 애독하던 《스마트 인테리어》라는 무크지가 있었는데, 거기에 실린 농구선수의 방을 보고서 '나도 이런 방에서 살고 싶다!'고 생각했던 게 계속 기억에 남았다. 그래서 방을 고를 때도 벽의 소재를 가장 중요시했다.

"가구에 색상을 사용하지 않고 단색으로 분위기를 통일한 것은 벽의 무미건조한 질감을 살리고 싶었기 때문이에요. 가구를 고를 때는 브랜드에 구애받지 않고 비용 대비 효과를 가장 중요하게 따졌고요. 보통 패션업계에서 일하는 사람은 디자인과 앤티크한 느낌을 추구하는 경향이 있는데, 저도 관심이 있긴 하지만 아직 거기에 돈을 쓸 때는 아니라고 생각했거든요."

쓰레기통은 방 분위기에 어울리지 않아서 놓아두지 않았다. 그는 세 끼 모두 밖에서 먹는 데다, 음료 캔도 바로 1층에 있는 쓰레기통에 갖다 버리기 때문에 쓰레기가 생길 일이 없다. 요리하는 걸 좋아하기는 하지만 지금의 생활에는 필요하지 않다고 한다.

추억이 깃든 물건은 소중히

"최소한의 필요를 원칙으로 삼고 있지만 방에 아무것도 없는 것은 아니에요. 예를 들어 벽에 장식해놓은 티셔츠의 그림은 열여덟 살 때 직접 그린 것인데, 유니클로에서 산 티셔츠에 스프레이로 '끊임없이 꿈

옷장도 단순한 디자인의 옷을 중심으로 정리한다.
아래쪽 수납공간은 내부가 밖에서 보이지 않도록
천으로 덮어 가렸다.

추억이 담긴 물건은 구두상자에 넣어 보이지 않는
수납공간에 깔끔히 보관한다.

직장동료들에게 받은 롤링페이퍼와 고향의 축제
의상 등 자신의 근원이 되는 물건은 버리지 않고
소중히 간직하고 있다.

을 이루어나간다'는 문장을 썼어요. 패션업계에서 일하기를 꿈꾸던 당시의 꿈을 잊지 않기 위해서 글자가 잘 보이는 위치에 장식해두었습니다."

선반에 붙인 위스키 병은 스무 살 때 친구와 둘이 여행한 미국 로즈볼 플리마켓Rose Bowl Flea Market(캘리포니아의 파사디나에서 열리는 대규모 벼룩시장-옮긴이)에서 산 것이다. 같이 여행했던 친구는 지금 오사카 아메리카무라에서 카리스마 있는 빈티지 바이어로 일하고 있다. 방에 장식한 사진은 그때의 아침노을이고, 화장실에는 현지에서 구한 프리 페이퍼를 잘라 붙여놓았다. 또 하라주쿠에서 발견하고 바로 구입한 '스카이 조던SKY JORDAN' 빈티지 농구화도 선반에 장식해두었다.

옷장 안에는 중학생 때 입던 농구부 티셔츠와 고향인 오사카의 가와치나가노河內長野에서 열린 단지리 마쓰리 의상, 그리고 점포를 옮길 때 동료들이 써준 인사말이 적힌 롤링페이퍼 등 추억이 깃든 기념물을 넣어두고 있다. 그는 소중한 사람에게 선물로 받은 옷이나 마음에 드는 디자인의 티셔츠는 봉투에 넣어서 소중히 보관하는데, 가끔 햇볕에 말리기 위해 걸어놓고 맥주라도 꺼내 마시면 절로 흐뭇해진다고 한다.

"방을 심플하게 하면 확실히 물욕이 없어지지만 추억이 깃든 물건, 특히 옷만은 예외입니다. 다른 사람에게는 쓸모없고 과하게 보일지도 모르지만 제게는 깊은 의미가 있거든요. 그런 추억의 물건들은 절대로 버릴 수가 없어요. 재산이라고 할 정도까지는 아닐지 몰라도, 제가 살아온 이력이니까요. 그래서 지금의 저 자신으로 이어지는 물건은 눈에 보이는 곳에 두거나 소중하게 보관하고 있습니다. 때때로 고민하고 방황할 때 되돌아보는 건 결국 과거의 자신밖에 없으니까요. 지금 제 방에 있는 물건 중에 쓸데없는 물건은 정말 하나도 없습니다. 자전거는 단순히 더러워지는 게 싫어서 방에 두는 것뿐이지만요(웃음)."

반면 최근에 산 물건은 점점 바꾸게 되는데 옷도 그렇다. 옷은 한 철 입으면 다음 해에는 새로운 옷이 입고 싶어져서, 있으면 있는 만큼 무얼 입을지 고민하게 된다. 하지만 겉옷을 두 벌만 갖고 있으면 고민할 필요 없이 둘 중 하나를 고르면 된다. 그래서 그는 새 옷을 사면 전에 입던 옷은 신세를 진 사람이나 후배에게 준다. 이렇게 하면 물건을 버린다는 죄책감이나 아깝다는 생각에서 벗어날 수 있고 환경보호에도 도움이 된다.

자신의 스타일을 정해두는 것도 철저하게 심플한 생활을 실천할 수 있는 하나의 방법이다. 그는 윗옷으로는 여러 브랜드에서 산 무늬 없는 흰색 티셔츠 몇 장을 돌려 입고, 여름에는 검은 색 반바지, 그 외의 계절에는 대체로 검은 색 긴 바지에 스니커를 신는다.

창조력은 비우는 것에서 시작된다

지금의 방에서 살게 된 후 가장 좋은 건 아무것도 생각하지 않는 시간이 늘었다는 점이다.

"도시에서 산다는 것만으로도 우리에게는 여러 가지 정보가 쏟아집니다. 직장에서는 물론이고 그냥 거리를 걷기만 해도 무의식적으로 필요 없는 여러 정보들을 받아들이게 되죠."

집에 돌아와서도 물건이 넘쳐나면 상황은 달라지지 않는다. 이를테면 무언가를 생각하고 있을 때도 머릿속 또 다른 공간에서는 그 순간 눈에 띄는 물건에 신경을 빼앗기고 만다. 이렇게 하루를 마감하고 새로운 날이 시작되어도 또다시 수많은 정보에 노출되어 시간에 쫓기는 흐름은 반복된다.

"예전에는 쏟아지는 정보 속에서 늘 시간에 쫓기는 기분이었지만, 지금은 머릿속을 텅 비울 수 있는 시간이 생겼습니다. 특히 텔레비전을 없앤 효과가 큰 것 같아요. 텔레비전을 보고 있으면 금세 시간이 훅 지나가 버리잖아요. 버라이어티 방송을 무심히 보고 있다가 수면 부족이 되기도 하고, 때로는 '저 정보가 맞는 걸까?' 하고 의구심이 들기도 하고요. 저는 결국 정말로 믿을 수 있는 건 자신의 눈으로 보고 느끼는 것밖에 없다고 생각해요."

지금은 텔레비전을 보지 않는 시간에 책을 읽거나 업무에 필요한 공부를 한다. 때로는 직접 길거리로 나가 일에 도움이 될 만한 현지 조사를 하기도 한다.

"놀러 온 친구들마다 매번 똑같은 질문을 합니다. '이 방에서 뭐 하는 거야?' 왜 그렇게 묻는지 그 마음은 충분히 이해하지만요. 전 이 방

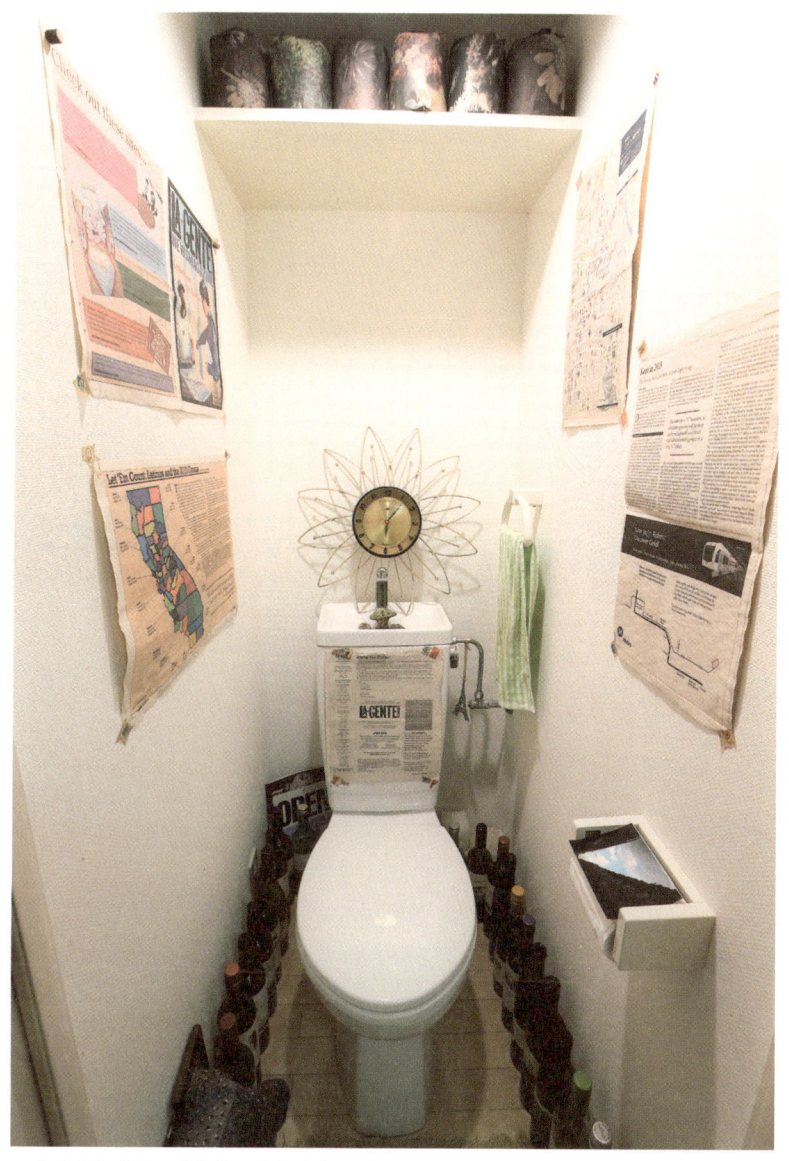

그의 집에서 가장 요란하게 꾸며진 화장실. 미국 여행할 때 산 프리 페이퍼를 벽에 붙여놓는 등 추억의 물건들로 개성 있게 장식했다.

벽의 질감과 잘 어울리는 검은색 자전거는 도쿄바이크에서 샀다.

소파 침대는 인테리어 가구회사 니토리NITORI 제품이다. 테이블은 세워서 티테이블 용도로 사용할 수도 있다.

에서 주로 책을 읽습니다. 근육 트레이닝도 중요한 일과이고요. 패션업계에서는 살이 찌면 해고된다는 말이 있는데, 반은 농담 반은 진담이에요. 그런 면에서 근육 트레이닝을 통해 꾸준히 자기관리를 할 수 있는 공간이 생긴 건 좋은 일이죠."

모리타 씨는 자신이 좋아해서 패션업계에 뛰어들었지만, 복장에 관해서 체계적으로 배우지 못한 것이 늘 마음에 걸렸다. 특히 기획과 구매 업무를 맡고부터는 전문지식이 부족하다는 사실을 통감하고 있다. 그래서 방을 바꾸고나서 업무에 도움이 되는 공부를 하는 데 많은 시간을 투자하고 있다.

"독서를 통해서 업무에 필요한 전문지식을 얻고 사고의 폭을 넓히려고 노력하고 있어요. 그러기에는 신경 쓸 물건이 적은 이 방이 아주 적합하죠. 크리에이터들은 심플한 방에 사는 일이 많다고 들었는데, 저 역시 자신의 내면에서 우러나오는 창조력을 위해서는 물건이 필요하지 않을지도 모르겠어요."

주말 아침은 청소로 시작하는데, 청소기를 사용하지 않고 부직포 청소기로 방 구석구석을 닦은 뒤 테이프 크리너로 소파와 카펫의 먼지를 제거한다. 물건이 없어서 청소가 더할나위 없이 간단하다. 날씨가 좋은 날이면 이불을 밖에 널어 말리고 옷을 세탁한다. 이렇게 주말 오전 시간을 유익하게 사용하면 기분이 아주 좋아진다고 한다.

예전에는 휴일 전날이면 밤늦게까지 동료들과 술을 마신 후 새벽녘

하라주쿠에서 발견한 '스카이 조던' 빈티지 운동화도 소중한 물건으로 방 안에 장식해놓았다.

휴일에는 스마트폰, 동전 지갑, 메모장 세 가지만 몸에 지니고 외출한다.

에 돌아와서 대낮까지 늘어지게 잠을 자곤 했다. 모리타 씨는 그 시절을 떠올리면 사람은 스스로 달라지겠다고 마음먹으면 얼마든지 달라질 수 있는 존재라는 생각이 든다고 한다.

"방을 심플하게 바꾼 것이 규칙적으로 생활하게 된 이유 중 하나일지도 모릅니다. 반대로 건전한 생활을 의식하게 되어서 과다한 물건을 덜어내게 된 것일 수도 있고요. 어느 쪽이든, 결국은 다 연결되어 있다고 생각해요."

어쩌면 자신은 완벽한 미니멀리스트가 될 수 없을지도 모른다는 모리타 씨. 물건에 집착하지 않는 편이기는 하지만, 옷에 관해서만은 버릴 수 없는 소중한 '추억'이 너무 많기 때문이다. 그래도 그만의 방식으로 지금 사는 방을 더욱 심플한 공간으로 만들어나가려고 궁리 중이다.

다음 목표는 한쪽 벽면을 흰색 상자로 메우고 사무실처럼 꾸미는 것이다. 옷을 모두 그곳에 수납하고, 진짜로 아무것도 없는 방을 만들려는 계획을 세우고 있다.

"이를테면 언제든지 어디론가 사라질 수 있는 상태라고나 할까요? 그때는 소파와 테이블도 남기지 않을 겁니다. 만약 원하는 사람이 있다면 그 사람에게 넘겨도 좋고요. 이제 곧 서른 살이 되는데, 지금부터가 꿈꾸는 이상을 향해 한 발 더 앞으로 내디딜 수 있는 기회일 수도 있어요. 그래서 생활도 그에 맞춰 바꿔가고 싶습니다."

SIMPLE ROOM 10

오후미
주부, 회사원

방석을 제외하고는 바닥에 물건을 놓지 않는다. 이렇게 하면 쓰레기나 먼지가 줄어들어 청소하기에 편하다.

부족함 없는
미니멀리스트 부부의 삶

"물건을 줄인 후 삶의 즐거움과 여유를 되찾았어요"

오후미 おふみ

기후 현에 사는 28세 회사원. 부부가 함께 미니멀 라이프를 목표로 단샤리를 실천하고 있다. 바쁘고 복잡한 일상에서 벗어나 심플하게 살고 싶다는 바람으로 2층짜리 단독주택에서 방 두 개짜리 작은 집으로 이사했다. 그 후 미니멀리스트로 살아가는 일상을 일러스트 일기로 그려 블로그에 올리고 있다. 2015년 블로그에 올린 내용을 모아 《미니멀리스트의 일기》라는 책을 출간했다.

맥시멀리스트에서 미니멀리스트로

"저희 부부는 정말 많은 물건을 가진 맥시멀리스트였어요."

수줍은 듯 예전 이야기를 풀어놓는 오후미 씨. 그녀는 남편과 함께 단샤리를 실천하고 있는 미니멀리스트다. 심플한 생활을 주제로 다이어리에 일러스트 일기를 그리며 블로그에도 올리고 있는데, 꽤 인기가 많아서 책을 출간하기도 했다. 하지만 일 년 전까지만 해도 지금과는 전혀 다른 삶을 살았다.

오후미 씨 부부는 결혼하고 나서 약 2년 동안 2층 단독주택을 빌려서 살았다. 옛날에 지은 집이어서 벽장이나 수납장 등 수납공간이 많았지만, 부부 둘이서 사는 단출한 생활인데도 공간이 부족할 정도로 물건이 넘쳐흘렀다.

"남편은 멋 부리기를 좋아해서 옷이 무척 많았어요. 그중에서도 모자와 가방, 구두는 너무 많아서 같은 물건도 여러 개 있을 정도였죠. 구두만 해도 현관 신발장이 모자랄 정도로 많았어요. 저는 가구와 인테리어 잡화를 좋아해서 의자만 해도 열 개나 되었고, 책장도 네 개나 가지고 있었어요."

오후미 씨 부부는 수납가구가 있으면 수납할 수 있는 만큼 물건을 사서 넣어놓고, 물건이 다시 늘어나면 가구를 새로 사들이곤 했다. 그러다 보니 결국 지나치게 많은 물건을 소유하게 되었다. 그러다가 2015년 봄 방 두 개에 식당 겸 부엌이 있는 지금의 다세대주택으로 이사했다.

그 시절 오후미 씨는 정신적, 육체적으로 지쳐 있었다. 회사 일이 너무 바빠서 정신없이 일하다 보니 이런저런 문제도 많았고, 싫은 일이 반복되는 통에 무조건 도망치고만 싶었다. 그런 상황이 계속되자 뭐라도 해봐야겠다는 생각에 운을 좋게 하는 방법을 인터넷을 통해 알아봤는데, 어찌 된 일인지 늘 '청소'라는 해답에 다다르곤 했다.

이사 전에 살던 단독주택에는 큰 가구가 많아서 그걸 다 옮겨가며 청소할 엄두가 나지 않아 늘 스트레스였다. 그러잖아도 청소가 부족하다고 느끼던 참에 청소가 해결책이라는 말을 들으니 아무래도 신경이 쓰였다. 그래서 우선 가구를 옮길 필요가 없는 화장실 청소부터 해보기로 했다.

"청소를 끝낸 후에 두 사람이 늘 사용하는 화장실이 반짝반짝 윤이 나고 청결하면 기분이 좋다는 걸 새삼 느꼈어요. 그리고 나서 청소를 비롯해, 운을 좋게 해준다는 단어들을 넣어 인터넷 검색을 해보다가 '갖지 않는' 삶을 사는 사람들의 블로그에 이르게 되었죠. 언제라도 쉽게 이사할 수 있는 양 만큼만 물건을 소유하는 삶이 조금은 부럽더라고요."

오후미 씨는 그 후 '물건을 갖지 않는' 미니멀리스트들의 블로그를 찾아보면서 그들의 심플한 생활에 큰 영향을 받았다.

"일단 편하게 청소하고 싶다는 일념으로, 2014년 가을에 제가 할 수 있는 일부터 해보기로 했어요. 가까운 장래에 '작은 집'에서 사는 걸 목표로 해서 물건들을 조금씩 줄여가기로 마음먹은 거예요."

좁은 집에서 심플하게 생활하기

일 년 후에는 작은 집으로 이사하기로 하고, 2014년 가을 자신이 가진 것부터 조금씩 물건들을 처분하기 시작했다. 혹시 다툴까봐 남편의 물건에는 손대지 않았다. 구두, 가방, 수집품 등 그동안 사들인 물건 중에서 최근에 전혀 사용하지 않은 것들은 모두 과감히 버렸다. 버리고 버려도 물건이 계속 나오는 통에, 자신의 수집벽과 엄청난 물건의 양에 질려버릴 정도였다.

봄에 이사가 결정되었을 때는 또 한 번 대대적 정리를 했다. 방 두 개에 식당 겸 부엌이 있는 작은 집에 가구가 다 들어가지 않아서 열 개나 되는 의자와 책장 등을 주변 사람들에게 주거나 과감히 처분했다.

"이사할 때 하이에이스HIACE(도요타 자동차에서 생산되는 미니밴 차종-옮긴이)에 130킬로그램이나 되는 물건들을 싣고 버리러 갔어요. 전 손으로 만든 원목가구를 좋아해서 그동안 꽤 모았었거든요. 그걸 버리는 데 꽤 용기가 필요했지만 큰 가구를 처분하고 나니 시원하고 기분 좋더라고요. 정말 소중히 사용해온 추억의 가구인데도 왠지 후련했어요. 그렇게 가구를 없앴더니 수납할 장소가 없어져서 자연히 물건을 처분하는 시간도 빨라졌고요."

옷이나 구두, 잡화도 많았지만 가장 큰 문제는 책이었다. 가구와 여행 관련 책, 좋아하는 작가의 소설과 에세이 등 책이 너무 많아서 책장 네 개에도 다 들어가지 않을 정도였다. 추억이 담긴 책도 많아서 꽤 망설였지만 정말 중요한 것만 남기고 나머지는 과감히 처분했다. 그래도 남긴 책이 꽤 많은 데다 독서가 취미이다 보니 다른 물건에 비해 양이 잘 줄지 않는다고 한다.

"저는 책뿐 아니라 옷이나 잡화 등도 새 물건을 사면 오래된 물건 중 하나를 버리기로 원칙을 정하고 철저히 지키고 있어요. 책은 이제 더 이상 버릴 수 없을 정도로 고르고 고른 것밖에 남아 있지 않아요. 그런데 지금 거실 수납장에 재봉도구며 그림도구, 공구, 문구류 등과 함께 책을 수납하고 있기 때문에 공간이 부족해요. 그래서 계속 보관하고 싶은 책은 스캔해서 데이터로 남겨놓기로 했어요. 그동안 쭉 생각만 하고 있다가 최근에서야 드디어 작업을 모두 끝마쳤답니다."

그녀가 단샤리를 실천하는 모습을 보고 남편도 조금씩 관심을 갖기 시작했다. 2층 단독주택에서 방 두 개짜리 다세대주택으로 이사했기 때문에, 남편의 물건도 조금씩 처분하고는 있었지만 본격적으로 물건을 줄여나간 것은 이사한 후부터다.

특히 남편은 옷이 많아서 무인양품에서 산 행거 세 개에 걸린 옷들이 거의 다 그의 것이었다. 그런데 좁은 집에 물건이 많은 게 싫었는지, 남편도 드디어 물건을 처분하기 시작했다. 모자를 좋아해서 비싼 모자

무인양품에서 구입한 바구니에 리모컨, 스피커, 티슈 등 거실에서 필요한 물건을 모두 수납한다.

거실 수납장은 마음에 들어 남겨두었다. 안에 책, 문구, 공구, 액세서리, 화구 등을 보관한다. 옆에는 옷걸이를 두고 두 사람의 모자와 가방을 걸어둔다.

가 많았는데, 여름용과 겨울용으로 딱 두 개만 고르고 나머지는 모두 팔았다. 가방도 열 개 이상 버리고 둘이 함께 쓸 수 있는 것으로 몇 개만 남겼다. 신발은 두 사람이 합쳐서 열 켤레 정도로 줄여서 지금 사는 집의 붙박이 수납장에 넣어두었다.

"물건을 선택하고 처분하는 과정이 기분 좋고 즐거웠는지, 남편도 놀랄 정도의 열성으로 단샤리를 실천하고 있답니다. 옷을 줄이고 나서 행거는 처분하고, 지금은 방 안에 딸린 붙박이 수납장을 옷장으로 활용하고 있어요. 수납장 아래에 스토브 같은 계절용품이나 이불 건조기, 여행용 가방, 요가매트 등을 보관하고, 남은 공간에 두 사람의 옷을 넣어둡니다. 그리고 수납장 안에 다 들어가지 않으면 미련 없이 버리고 있어요."

철저하게 단샤리를 실천해 더 이상 버릴 것이 없을 정도로 엄선한 것들이라서, 여기서 옷을 더 사거나 늘리지 않으려고 노력하고 있다. 이렇게 '버리지 않기 위해 늘리지 않기'를 목표로 생활했더니, 물건을 사고 싶은 욕구가 사라져서 그렇게 좋아하던 쇼핑도 그만두게 되었다. 상점의 포인트 카드나 신용카드도 필요 없어서 대부분 처분했고, 그 덕분에 지갑 속과 가방 안까지 깔끔해졌다.

물건을 줄인 후 찾아온 여유

그녀가 미니멀리스트가 된 최초의 계기는 청소 스트레스 때문이었다.

침실은 일본식 다다미방으로 침대 대신 이불을 깔고 잔다. 이불은 아침에 일어나서 한쪽 구석에 정갈하게 개어놓는다. 너무 썰렁한 정경은 싫어서 마음에 드는 천을 액자처럼 벽에 장식했다.

벽장 위쪽에는 부부의 옷을 걸어두고, 아래에는 계절 가전제품이나 여행용 가방을 수납한다.

물건이 적으니 집안일을 하는 시간이 줄어들어서 여유롭게 책을 읽는 시간이 전보다 늘었다.

이사 전에는 물건들로 넘쳐나는 2층의 단독주택을 청소하는 게 정말 고역이었다. 퇴근 후에는 바쁘기 때문에 출근 전에 청소해버리자고 마음을 다잡아 보았지만, 눈앞에 쌓여 있는 물건과 가구를 옮길 생각만으로도 금세 질려버리곤 했다. 그렇게 '어떻게 하지?'라고 망설이거나 아무것도 하지 못한 채 멍하니 있는 사이 출근할 시간이 되었던 것이다.

"당시에는 일이 너무 많아서 매일 늦게 집에 돌아왔어요. 그래서 청소할 시간이 아침밖에는 없었거든요. 아침마다 '청소를 해야 하나 말아야 하나?' 하고 갈등하면서 상당한 스트레스를 느꼈죠."

지금은 마룻바닥에 물건을 두지 않고 생활하고 있어서 출근 전에 부직포 청소기로 한 번 쓱 닦는 것으로 청소가 끝난다. 채 10분도 걸리지 않아서, 청소를 마친 후에는 느긋하게 출근 준비를 할 수 있다. 책을 읽거나 다이어리에 일러스트 일기를 쓰고 블로그에 글을 올리는 것도 모두 아침의 여유 시간에 하고 있다.

주말에도 예전 같으면 청소와 쇼핑으로 시간을 다 보냈을 테지만, 지금은 여행도 가고 맛있는 음식을 먹으러 나가기도 한다. 외출하지 않고 집에 있을 때는 음악을 듣고 책을 읽으며 진정한 휴일을 만끽하고 있다.

"가구나 옷을 새로 사지 않고 소유하지 않는 생활을 하고 있지만, 식사 준비는 여전히 과제로 남아 있어요. 일이 바쁠 때가 많아서 사놓은 재료를 그대로 썩히는 일도 종종 있거든요. 그래서 이제부터는 미리 일주일치의 일정을 짜서 요리 재료를 사려고 해요."

냉장고 안은 항상 식재료로 가득 차 있지만, 부엌 주변은 심플하게 유지하려고 노력한다. 전에 살던 집은 부엌이 넓어서 양념 통을 전부 밖에 내놓았는데, 그랬더니 튀기거나 볶는 요리를 할 때 기름이 튀어서 양념통의 표면이 미끈거리곤 했다. 이사한 후로는 소금과 설탕, 간장 등 양념 종류는 모두 냉장고에 넣어두고, 부엌에는 샐러드오일이나 올리브오일만 꺼내놓고 사용한다. 쌀도 냉장고 안에 넣어둔다.

식기는 카르텔Kartell(이탈리아의 디자인 가구 브랜드-옮긴이) 사의 콤포니빌리Componibili 수납장에 들어갈 만큼만 골라서 사용하고 있다. 조리도구도 양손냄비와 철제 프라이팬, 계란말이용 프라이팬, 주전자만 남기고 모두 처분했다. 이 네 가지만으로도 충분히 요리할 수 있다. 이렇게 자주 사용하는 것을 제외하고 물건을 정리했더니 지금은 부엌 수

물건이 없는 부엌. 식기 건조대마저 버리고 최소한의 식기와 조리도구만 두고 있다.

납장이 텅텅 비어 있다.

"손님들이 오면 부엌에 물건이 적은 것도 그렇지만, 욕실에 아무것도 없는 데 모두 놀라곤 해요. 사실은 이사한 집의 욕실이 정말로 작아서 선반을 들여놓기가 싫었거든요. 그러다가 우연히 알레포 비누(올리브오일과 월계수오일로만 만드는 시리아산 천연 수제 비누-옮긴이)로 머리부터 발끝까지 씻을 수 있다는 걸 알게 되었어요. 지금은 욕실에 비누 하나만 두고 생활하고 있죠. 덕분에 샴푸나 보디워시가 떨어지지 않게 신경 쓸 필요도 없고 슈퍼마켓에 일용품을 사러 가는 횟수도 줄었답니다."

텔레비전까지는 버리지 못하고 예전에 살던 집에서 갖고 왔는데, 물건을 줄이고 단순하게 살고부터는 거의 보지 않는다. 대신 블루투스 스피커를 구입해서 거실과 부엌 등 원하는 곳에서 라디오나 음악을 듣는다. 미니멀리스트가 된 후로는 집안일 하는 시간이 줄어서 예전보다 한층 더 여유를 만끽하고 있다. 책을 읽거나 일기를 쓰고 라디오를 듣는 등 느긋하고 기분 좋은 생활이 가능해졌다.

"가구나 옷을 사지 않게 되니 자연히 돈이 모이더라고요. 그 돈으로 남편이나 친구와 여행을 가기도 해요. 맛있는 음식을 먹으러 나가는 것도 일상의 즐거움이 되었고요. 무엇보다 좋은 건 집안일에 대한 부담이 줄었다는 거예요. 지금은 남편과 가사 분담으로 다투는 일도 없고, 예전처럼 어지럽혀진 방을 보면서 조바심을 내는 일도 없어졌어요. 덕분에 부부 싸움도 확실히 줄었고요."

2015년부터 다이어리에 심플한 생활에 관한 일러스트 일기를 쓰기 시작했다. 블로그에도 일기를 올렸는데 어느새 유명해져서 단행본을 출간하기도 했다.

여행과 외식, 취미 생활을 즐기며 여유롭게 살아가는 지금의 생활이 정말 행복하다는 오후미 씨. 그녀는 이 모든 게 물건을 줄인 데 따른 효과라고 생각한다.

"물건을 모으며 그것에 만족하던 시절에는 정말 상상할 수도 없었던 일이에요. 생활을 바꾸고부터는 하루하루가 너무 만족스러워요. 그래서 앞으로도 계속 이렇게 살아가고 싶어요."

옮긴이 **김윤경**

한국외국어대학을 졸업하고 일본계 기업에서 일본어 번역과 수출입 업무를 담당했다. 바른 번역 아카데미에서 일본어 번역 과정을 수료하고 일본어 전문 번역가로 활동 중이다. 옮긴 책으로는 《나는 단순하게 살기로 했다》《홀가분한 삶》《끝까지 해내는 힘》《나는 상처를 가진 채 어른이 되었다》《이나모리 가즈오, 그가 논어에서 배운 것들》《사장의 도리》 등이 있다.

아무것도 없는 방에 살고 싶다

1판 1쇄 발행 2016년 3월 8일
1판 8쇄 발행 2020년 3월 30일

지은이 미니멀 라이프 연구회
옮긴이 김윤경
펴낸이 김성구

단행본부 류현수 고혁 홍희정 현미나
디자인 이영민
제 작 신태섭
마케팅 최윤호 나길훈 김민지
관 리 노신영

펴낸곳 (주)샘터사
등 록 2001년 10월 15일 제1-2923호
주 소 서울시 종로구 창경궁로35길 26 2층 (03076)
전 화 02-763-8965(단행본부) 02-763-8966(마케팅부)
팩 스 02-3672-1873 **이메일** book@isamtoh.com **홈페이지** www.isamtoh.com

한국어 판권 ⓒ (주)샘터사, 2016, Printed in Korea.

이 책은 저작권법에 따라 보호를 받는 저작물이므로 무단 전재와 복제를 금지하며,
이 책의 내용 전부 또는 일부를 이용하려면 반드시 저작권자와 ㈜샘터사의 서면 동의를 받아야 합니다.

ISBN 978-89-464-2024-3 13190

이 도서의 국립중앙도서관 출판시예정도서목록(CIP)은 e-cip 홈페이지(http://www.nl.go.kr/cip.php)에서 이용하실 수 있습니다. (CIP제어번호: CIP2016004818)

값은 뒤표지에 있습니다.
잘못 만들어진 책은 구입처에서 교환해 드립니다.